百年恰风华
华南理工大学校庆文丛

章熙春　张立群　主编

百年初心

图说华南理工大学

华南理工大学出版社
SOUTH CHINA UNIVERSITY OF TECHNOLOGY PRESS
·广州·

图书在版编目（CIP）数据

百年初心：图说华南理工大学 / 章熙春，张立群主编. —广州：华南理工大学出版社，2022.11

（百年恰风华：华南理工大学校庆文丛）

ISBN 978-7-5623-7162-5

Ⅰ. ①百… Ⅱ. ①章… ②张… Ⅲ. ①华南理工大学 - 校史 Ⅳ. ① G649.286.51

中国版本图书馆 CIP 数据核字（2022）第 186665 号

BAINIAN CHUXIN——TUSHUO HUANAN LIGONG DAXUE

百年初心——图说华南理工大学

章熙春　张立群　主编

出 版 人：柯　宁

出版发行：华南理工大学出版社

（广州五山华南理工大学 17 号楼，邮编 510640）

http://hg.cb.scut.edu.cn　E-mail：scutc13@scut.edu.cn

营销部电话：020-87113487　87111048（传真）

责任编辑：王　磊　李秋云

责任校对：盛美珍

印 刷 者：广州永祥印务有限公司

开　　本：850mm × 1168mm　1/8　印张：29　字数：580 千

版　　次：2022 年 11 月第 1 版　2022 年 11 月第 1 次印刷

定　　价：188.00 元

《百年初心——图说华南理工大学》

编委会

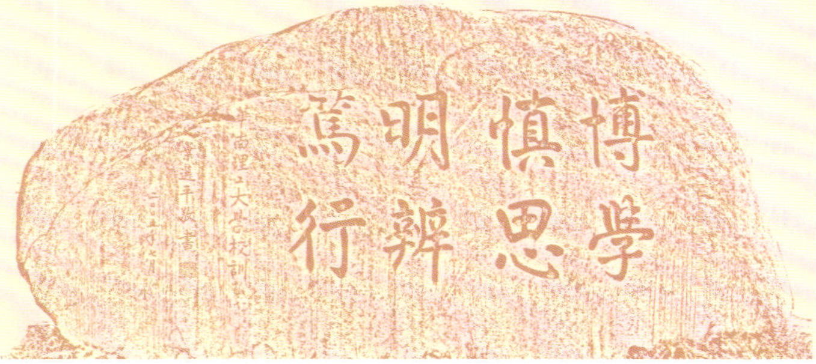

序

光影百年，岁月流金，风物变迁，教泽绵长。从百年前的“红色甲工”，到1952年的全国四大工学院之一，从改革潮砥砺奋进奏强音，到新时代步履铿锵逐梦行，华南理工大学矢志不渝建一流大学，不忘初心育一流人才。这里是自由探寻的学术殿堂，学界鸿儒乐教善教、奋进担当，为党育人、为国育才；这里是创新脉动的璀璨舞台，万千学子揽万卷文采、汲百代精华，青春激昂、敢闯会创；这里是照亮未来的阳光通途，书山智谷、学村聚落，卓尔不群、臻至一流。

迈入新百年新阶段，学校擘画了未来改革发展的宏伟蓝图，提出建设学术华工、开放华工、善治华工、幸福华工、大美华工，全面开启了中国特色、世界一流大学建设新征程。2022年，学校组建70周年暨建校105年之际，我们编写了华南理工大学文化建设丛书《百年初心——图说华南理工大学》《木铎丹心——华南理工大学师者风范》《实干兴邦——华南理工大学校友风采》《匠心营造——华南理工大学校园规划与建筑》和《探索中国特色高等教育在地国际化之路——基于华南理工大学广州国际校区的实践》，该套丛书记录了学校的发展轨迹，展示了学校的发展成就，体现了广大师生的精神风貌。站在新的历史起点上，我们将牢牢把握立德树人根本任务，紧抓时代机遇，锚定目标任务，以更加昂扬的奋斗姿态、更加进取的拼搏精神、更加强烈的使命担当，加快建设中国特色、世界一流大学，为建设高等教育强国，为以中国式现代化全面推进中华民族伟大复兴作出新的更大贡献。

章熙春　张立群

2022年11月

前言

七秩风雨传薪播火，百年画卷波澜壮阔。2022年，学校迎来了华南理工大学组建70周年暨建校105年。

百年前，前辈学人高擎思想的火炬，追寻信仰的光芒，在风云激荡的觉醒年代，唤起民众共御外侮，寻求救国救民的道路。百年来，华南理工大学坚守“办大学，就要创一流”的信念，心怀“国之大者”，为国家富强、民族复兴、人民幸福源源不断输出华工力量。

新民主主义革命时期，以华南地区传播马克思主义第一人的杨匏安、中国共产党历史上的第一位“审计长”阮啸仙、“刑场上的婚礼”的主人公周文雍等为代表的甲工青年师生，不怕牺牲、敢于斗争，作出了无愧于党、无愧于人民、无愧于时代的青春抉择。一寸山河一寸血，一抔热土一抔魂。抗战时期，吾辈之师在颠沛流离中艰苦求学、传道授业，挺起民族脊梁，续传民族文脉。

社会主义革命和建设时期，华工人满怀“敢教日月换新天”的豪情，向科学进军，向困难进军，向荒原进军，铸就了闪亮的精神坐标。三百余名师者齐聚华园，攻坚克难，勇攀高峰，奠定了学校在华南地区学术重镇的地位。路不险则无以知马之良，任不重则无以知人之德。他们矢志不移、求真务实，在苦难中笃定、在挫折中磨砺、在奋斗中前进，为祖国的建设事业奉献了青春、贡献了力量。

改革开放和社会主义现代化建设新时期，华工人勇作改革闯将，革故鼎新，建设四化，开风气之先，创至善之业，“星期六工程师”、科技特派员里有华工人的身影，“企业家的摇篮”“工程师的摇篮”“新能源汽车界黄埔军校”都是对华工的美誉……华工人在现代化建设各条战线上勇立潮头、敢闯会创，助力学校成为南中国经济腾飞的重要支柱。

中国特色社会主义新时代，华工人步履铿锵，刚健有为，用丰硕的成果有力支撑和引领着国家和区域经济社会的快速发展：12个学科领域进入ESI全球排名前1%，其中5个学科领域进入前1‰；2个学科在US News 2023世界大学学科排名中位居全球第一（中国内地高校共8个）；8个学科在全国第四轮学科评估中获评A类；4个学科入围国家“双一流”建设学科；获国家专利奖总数连续11年（2009年至2020年）排名全国高校第一；陈克复院士领衔完成的项目“制浆造纸清洁生产与水污染全过程控制关键技术及产业化”荣获国家科技进步一等奖……他们在脱贫攻坚战场摸爬滚打，在科技攻关岗位奋力攀登，在抢险救灾前线冲锋陷阵，在疫情防控一线披甲出征，在体育竞技赛场奋勇争先……他们将小我融入大我，把个体价值的实现与国家民族的命运联结在一起，坚定理想信念，勇于担当奉献，在实现中华民族伟大复兴的中国梦中绽放异彩。

《百年初心——图说华南理工大学》一书以追光逐影之笔，采用图文并茂的方式，多角度呈现家国情深中的学校变迁，通过珍贵的历史瞬间，定格学校发展中的“高光”时刻，从当下出发，链接过往并指引未来，持续建构华工人的集体记忆。

本书参阅了《广东工业专科学校校史考》《华南理工大学史》《华南理工大学人文建筑之旅》《华园记忆》《华园品藏》等大量书籍，在编辑过程中，我们遍查卷帙浩繁的学校档案资料，以尊重历史为原则，力求精准到位，悦读可赏，但因年代久远、资料所限，书中难免挂一漏万，诚望读者批评指正。

《百年初心——图说华南理工大学》编委会

2022年11月

百年初心

图说华南理工大学

殷殷期许

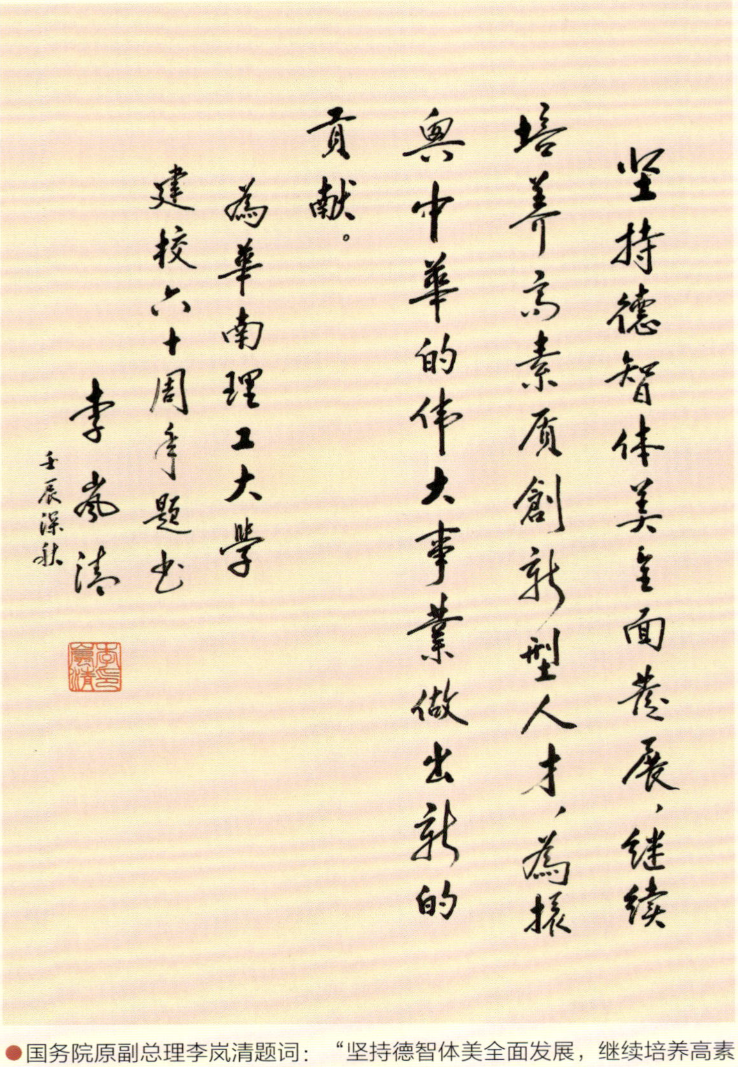

●国务院原副总理李岚清题词：“坚持德智体美全面发展，继续培养高素质创新型人才，为振兴中华的伟大事业做出新的贡献。”

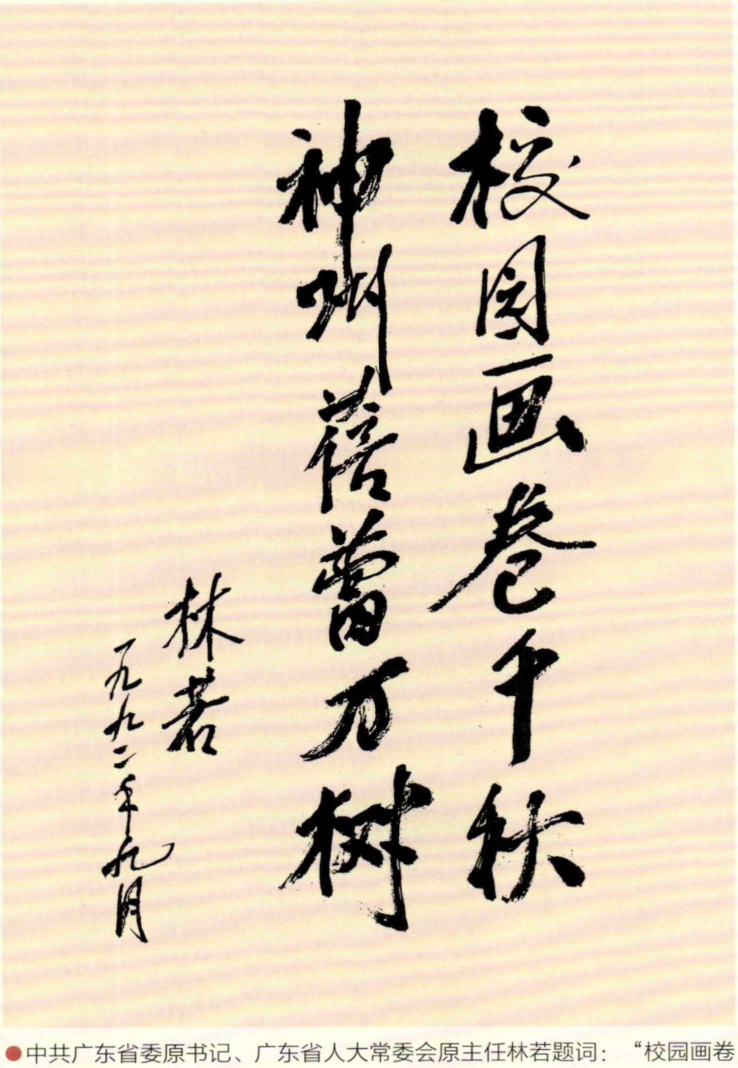

●中共广东省委原书记、广东省人大常委会原主任林若题词：“校园画卷千秋　神州蓓蕾万树。”

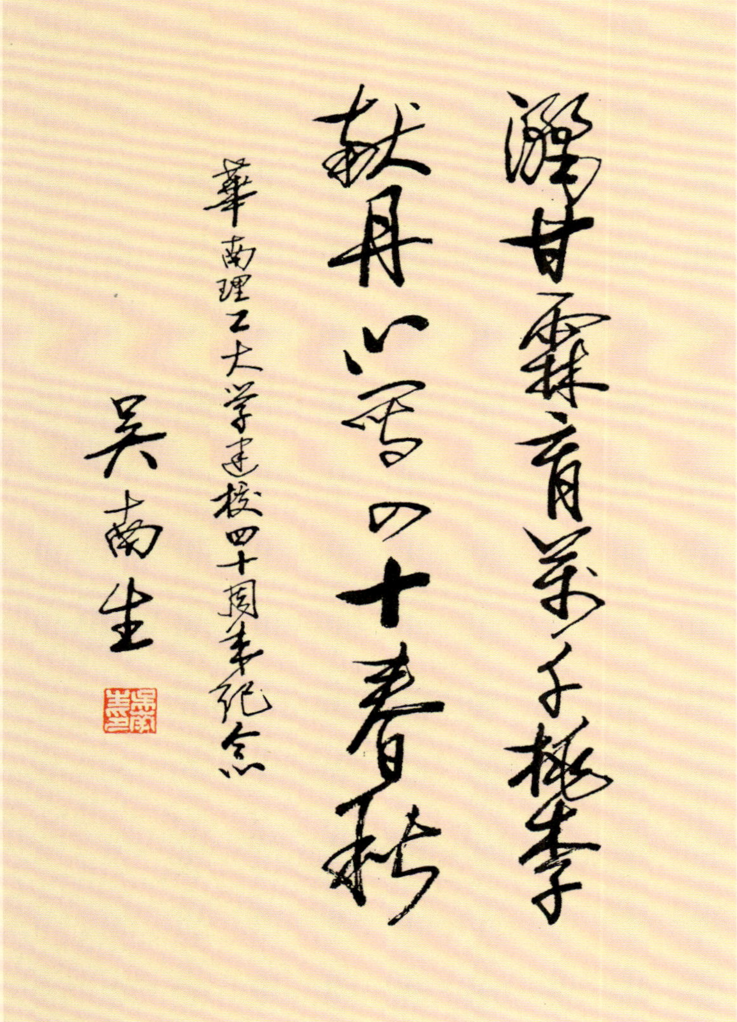

●中共广东省委原书记，广东省政协第五届、第六届主席吴南生题词：“洒甘霖育万千桃李　献丹心写四十春秋。”

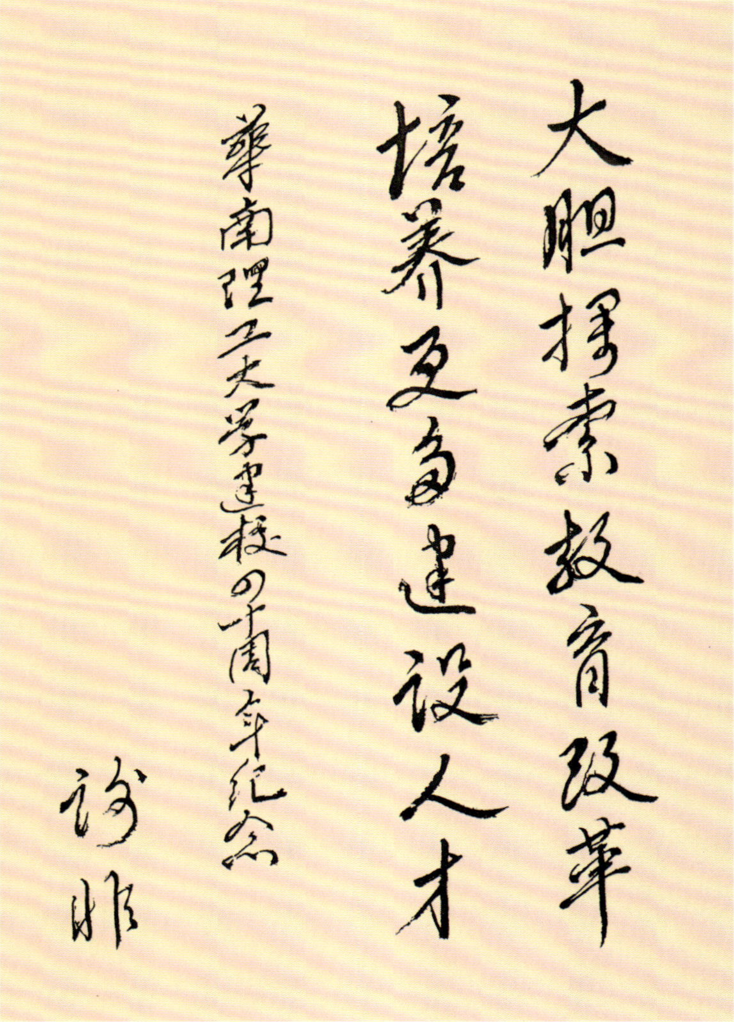

●中共中央政治局原委员、全国人大常委会原副委员长、中共广东省委原书记谢非题词：“大胆探索教育改革　培养更多建设人才。”

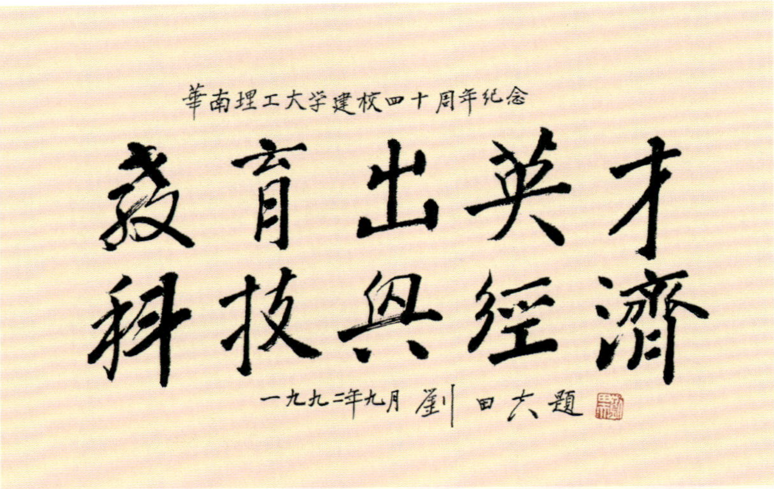

●中共中央顾问委员会原委员、广东省原省长刘田夫题词：“教育出英才　科技兴经济。”

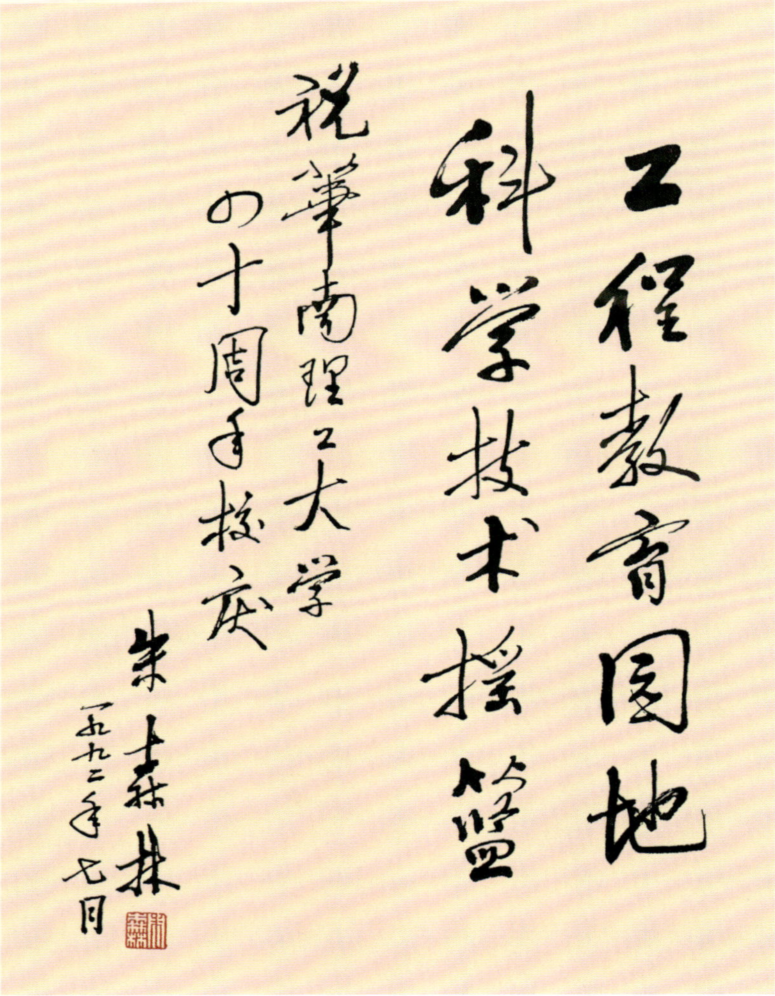

●广东省人大常委会原主任、广东省原省长朱森林题词：“工程教育园地　科学技术摇篮。”

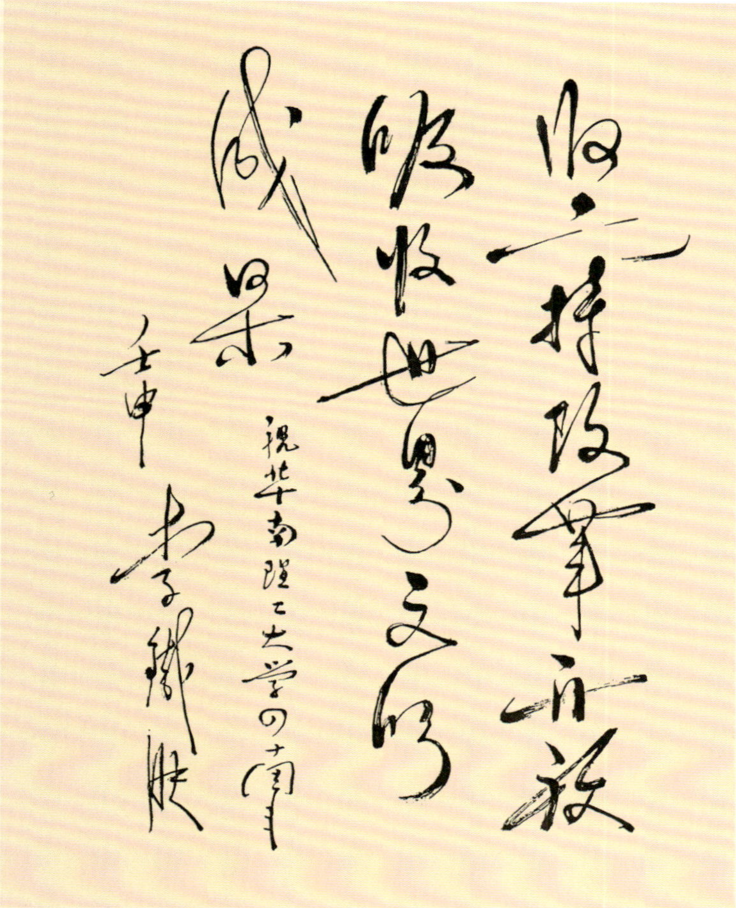

●中共中央政治局原委员、国家教委（现教育部）原主任李铁映题词：“坚持改革开放　吸收世界文明成果。”

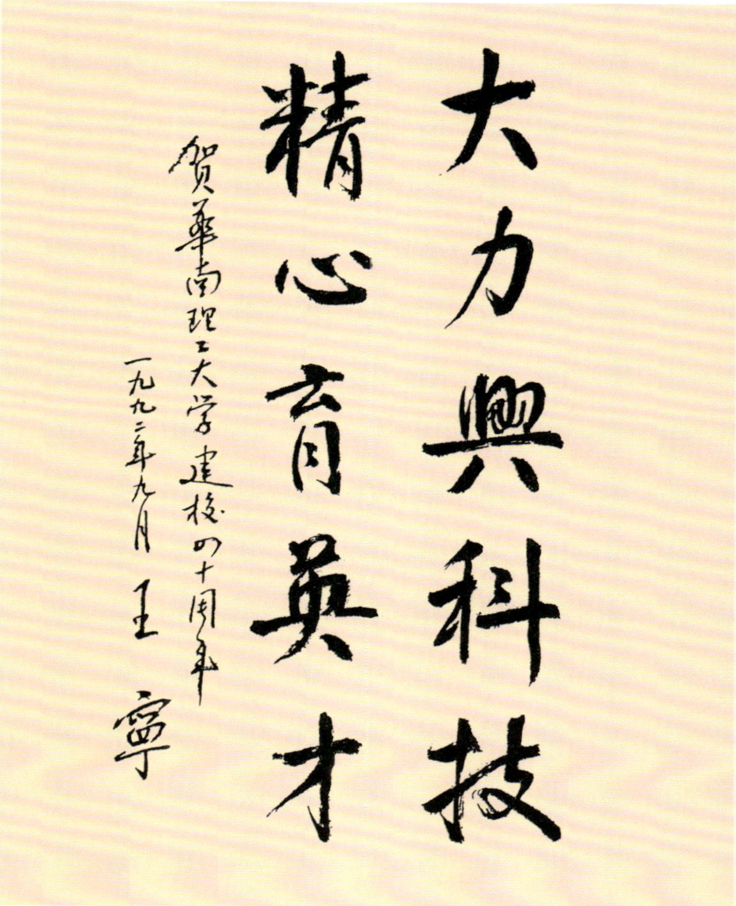

●中共广东省顾问委员会原主任、广东省委原书记王宁题词：“大力兴科技　精心育英才。”

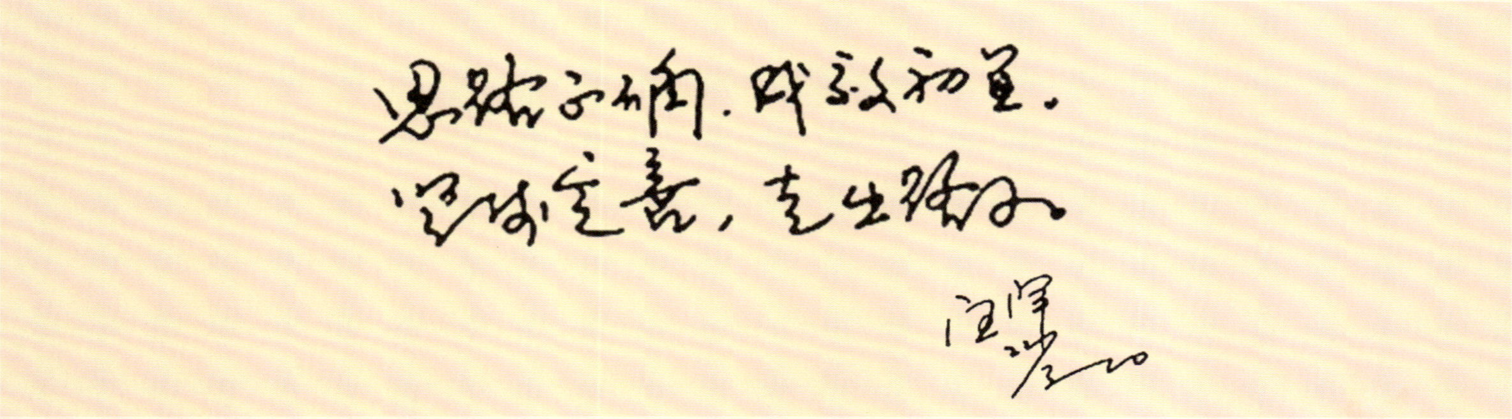

●时任中共中央政治局委员、广东省委书记汪洋就学校《改革人才培养模式 培养拔尖创新人才》的工作报告作出重要批示：“思路正确，成效初显。坚持完善，走出路子。”

华南理工大学
历史沿革

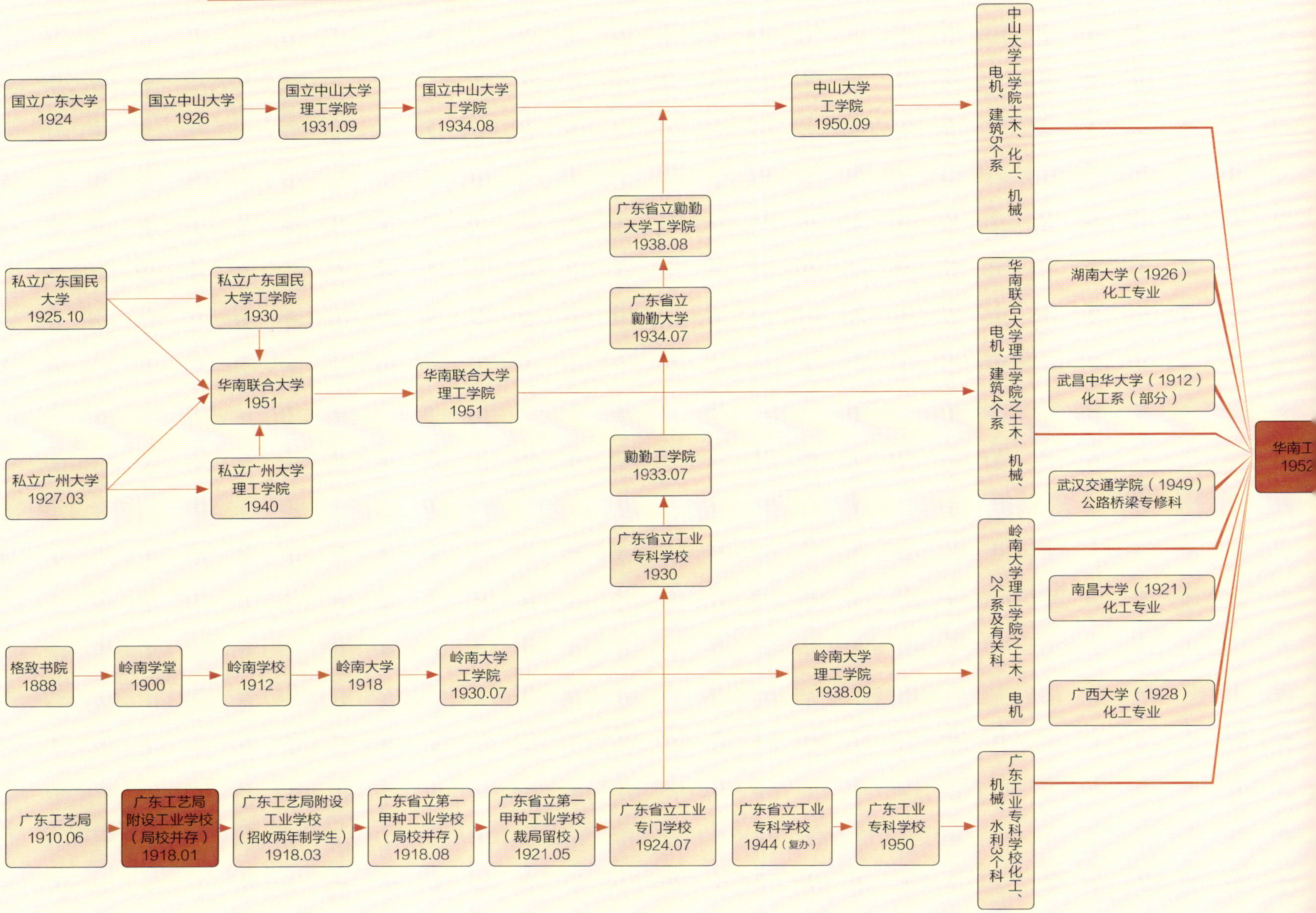
国立广东大学 1924
国立中山大学 1926
国立中山大学理工学院 1931.09
国立中山大学工学院 1934.08
中山大学工学院 1950.09
中山大学工学院土木、化工、机械、电机、建筑5个系
广东省立勷勤大学工学院 1938.08
广东省立勷勤大学 1934.07
勷勤工学院 1933.07
广东省立工业专科学校 1930
私立广东国民大学 1925.10
私立广东国民大学工学院 1930
华南联合大学 1951
私立广州大学 1927.03
私立广州大学理工学院 1940
华南联合大学理工学院 1951
华南联合大学理工学院之土木、机械、电机、建筑4个系
湖南大学（1926）化工专业
武昌中华大学（1912）化工系（部分）
武汉交通学院（1949）公路桥梁专修科
南昌大学（1921）化工专业
广西大学（1928）化工专业
华南工
1952
格致书院 1888
岭南学堂 1900
岭南学校 1912
岭南大学 1918
岭南大学工学院 1930.07
岭南大学理工学院 1938.09
岭南大学理工学院之土木、电机2个系及有关科
广东工艺局 1910.06
广东工艺局附设工业学校（局校并存）1918.01
广东工艺局附设工业学校（招收两年制学生）1918.03
广东省立第一甲种工业学校（局校并存）1918.08
广东省立第一甲种工业学校（裁局留校）1921.05
广东省立工业专门学校 1924.07
广东省立工业专科学校 1944（复办）
广东工业专科学校 1950
广东工业专科学校化工、机械、水利3个科

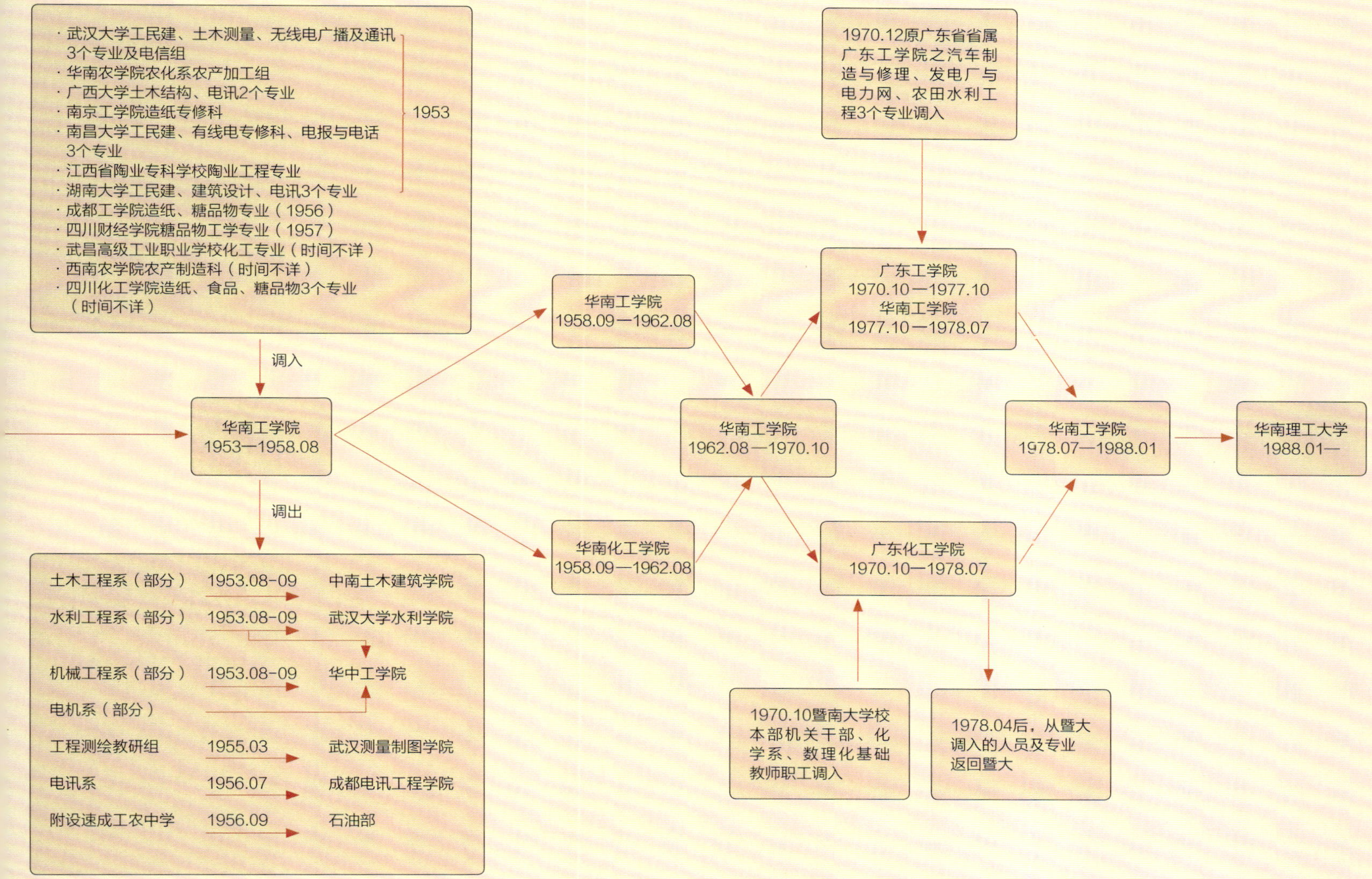

·武汉大学工民建、土木测量、无线电广播及通讯3个专业及电信组
·华南农学院农化系农产加工组
·广西大学土木结构、电讯2个专业
·南京工学院造纸专修科
·南昌大学工民建、有线电专修科、电报与电话3个专业
·江西省陶业专科学校陶业工程专业
·湖南大学工民建、建筑设计、电讯3个专业
1953
·成都工学院造纸、糖品物专业（1956）
·四川财经学院糖品物工学专业（1957）
·武昌高级工业职业学校化工专业（时间不详）
·西南农学院农产制造科（时间不详）
·四川化工学院造纸、食品、糖品物3个专业（时间不详）
调入
华南工学院 1953—1958.08
调出
土木工程系（部分） 1953.08-09 中南土木建筑学院
水利工程系（部分） 1953.08-09 武汉大学水利学院
机械工程系（部分） 1953.08-09 华中工学院
电机系（部分）
工程测绘教研组 1955.03 武汉测量制图学院
电讯系 1956.07 成都电讯工程学院
附设速成工农中学 1956.09 石油部
华南工学院 1958.09—1962.08
华南化工学院 1958.09—1962.08
华南工学院 1962.08—1970.10
1970.12原广东省省属广东工学院之汽车制造与修理、发电厂与电力网、农田水利工程3个专业调入
广东工学院 1970.10—1977.10 华南工学院 1977.10—1978.07
广东化工学院 1970.10—1978.07
1970.10暨南大学校本部机关干部、化学系、数理化基础教师职工调入
1978.04后，从暨大调入的人员及专业返回暨大
华南工学院 1978.07—1988.01
华南理工大学 1988.01—

1918

广东工艺局附设工业学校，相继改名为广东省立第一甲种工业学校、广东省立工业专门学校和广东省立勷勤大学，后广东省立勷勤大学工学院并入国立中山大学工学院

1952

以原国立中山大学工学院、华南联合大学理工学院、岭南大学理工学院、广东工业专科学校为基础，调入湖南大学等5所院校部分工科系及专业，组建成华南工学院

1960

被评为全国文教战线先进单位，出席全国文教群英会，并被国家确定为全国重点大学

1981

经国务院批准，成为首批具有博士和硕士学位授予权的高校

2001

教育部和广东省人民政府对华南理工大学实行新一轮部省重点共建，学校列入国家高水平大学建设（“985工程”）行列

2004

华南理工大学大学城校区竣工并正式启用

2011

在英国兰卡斯特大学建设学校的第一所孔子学院，目前已建有3所孔子学院

2012

学校进入“世界大学学术排名”排行榜，成为全球领先的500所研究型大学之一

1988

华南工学院更名为华南理工大学

1993

国家教委和广东省人民政府签署共建华南理工大学的协议，开创了部省共建、联合办学的先河

1995

进入国家面向21世纪重点建设的大学（“211工程”）行列

2000

经教育部批准，成立研究生院

2014

学校在“世界大学学术排名”榜单中跃升至301～400区间，工科进入世界前50位

2016

学校跃升至“世界大学学术排名”300强，工科排名升至世界第22位

2017

教育部、广东省、广州市和华南理工大学四方签署协议，共建华南理工大学广州国际校区。同年，学校入选国家“双一流”建设A类高校行列；获评首届“全国文明校园”称号

2018

华南理工大学广州国际校区奠基并启动建设

2019

华南理工大学广州国际校区正式启用并招收首届本科生

2020

学校进入“世界大学学术排名”200强

2022

学校入选第二轮“双一流”建设高校名单，广州国际校区全面建成

历任党委书记

秦思平
（1912—1988）

1952.10—1953.03
任华南工学院、
华南农学院组合党支部书记

1953.03—1955.07
任华南工学院党总支书记

1955.07—1956.06
任华南工学院党委书记

1958.09—1961.11
任华南化工学院党委第一书记

1961.11—1962.09
任华南化工学院党委书记

张　进
（1910—1985）

1956.06—1958.10
任华南工学院党委第一书记

1958.10—1959.02
任华南工学院党委书记

1959.02—1968.04
任华南工学院党委第一书记

1974.04—1978.07
任广东化工学院党委书记

1978.07—1979.02
任华南工学院临时党委第一书记

汪砺锋
（1913—1975）

1968.12—1970.06
任华南工学院整党建党领导小组组长

1970.06—1971.04
任华南工学院、广东工学院党的核心领导小组组长

1971.04—1972.02
任广东工学院党委书记

赵 鸣
（1916—2002）

1971.04—1973.07
任广东化工学院党委书记

朱劭天
（1916—2010）

1972.02—1976.01
任广东工学院党委书记

陈 彬
（1922—2003）

1976.01—1978.07
任广东工学院、华南工学院党委书记

1979.02—1980.11
任华南工学院党委书记

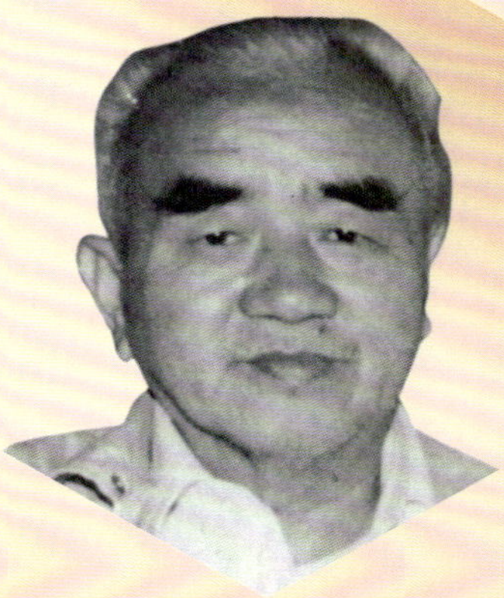

古周全
（1926—2004）

1980.12—1982.07
任华南工学院党委副书记
（主持党委日常工作）

1982.08—1984.04
任华南工学院党委书记

庞　正

（1935—　）

1984.04—1987.06

任华南工学院党委副书记（代理书记）

1987.06—1994.06

任华南工学院、华南理工大学党委书记

刘正义

（1935—　）

1994.06—1999.01

任华南理工大学党委书记

刘树道

（1946—　）

1999.01—2007.11

任华南理工大学党委书记

王迎军

（1954— ）

2007.11—2011.12

任华南理工大学党委书记

杜小明

（1955— ）

2011.12—2017.01

任华南理工大学党委书记

章熙春

（1963— ）

2017.01—

任华南理工大学党委书记

历任校（院）长

罗明燏
（1905—1987）

1952.10—1955.04
任华南工学院筹委会主任委员

1955.04—1968.04
任华南工学院院长

罗雄才
（1903—1993）

1959.02—1962.08
任华南化工学院院长

汪砺锋
（1913—1975）

1968.04—1972.02
任华南工学院、广东工学院革委会主任
（军代表）

赵　鸣
（1916—2002）

1970.12—1973.07
任广东化工学院革委会主任（军代表）

朱劭天
（1916—2010）

1972.02—1976.01
任广东工学院革委会主任

张进
（1910—1985）

1974.04—1978.05
任广东化工学院革委会主任

1979.02—1980.11
任华南工学院院长

陈彬
（1922—2003）

1976.01—1978.05
任广东工学院、华南工学院革委会主任

刘振群
（1922—2007）

1982.02—1991.11
任华南工学院院长、华南理工大学校长

刘正义
（1935— ）

1991.11—1995.04
任华南理工大学校长

刘焕彬
（1942— ）

1995.04—2003.09
任华南理工大学校长

李元元
（1958—　）

2003.09—2011.12
任华南理工大学校长

王迎军
（1954—　）

2011.12—2017.04
任华南理工大学校长

2017.04—2018.10
任华南理工大学党委副书记、校长

高　松
（1964—　）

2018.10—2022.08
任华南理工大学党委副书记、校长

张立群
（1969—　）

2022.08—
任华南理工大学党委副书记、校长

历届学校党政领导班子成员合影（部分）

●左起：陈坚、庞正、郭仁义、徐秉铮、赵树民、罗明燏、张进、罗雄才、刘振群、古周全、李运隆、区浩光、何宝玮

●左起：何宝玮、徐秉铮、李伯天、刘振群、庞正、郭仁义、陈坚、区浩光

●左起：陈坚、区浩光、何宝玮、庞正、刘正义、贾信真、林维明、刘焕彬

●左起：陈坚、刘焕彬、区浩光、何宝玮、徐秉铮、古周全、庞正、刘正义、刘振群、贾信真、李伯天、林维明

●左起：杨晓西、莫火材、黄石生、刘树道、刘正义、曾惠典、刘焕彬、吕廷秀、韩大建

●第一排左起：刘树道、刘焕彬
第二排左起：袁文俊、瞿金平、吕廷秀、韩大建、李元元、杨晓西、陈维英

●左起：陈维英、李元元、吕廷秀、刘焕彬、刘树道、陈铁群、陈建新、瞿金平、袁文俊

●左起：朱敏、彭说龙、彭新一、杜小明、李元元、王迎军、吕廷秀、张振刚、李琳、邱学青

●左起：党志、朱敏、彭说龙、张振刚、彭新一、杜小明、王迎军、李琳、刘琪瑾、邱学青、章熙春

●左起：李正、麦均洪、刘琪瑾、章熙春、高松、陶韶菁、朱敏、李卫青

●左起：副校长徐向民，副校长李正，党委副书记麦均洪，党委副书记陶韶菁，党委书记章熙春，党委副书记、校长张立群，党委副书记、纪委书记徐国正，副校长朱敏，副校长李卫青，副校长晋刚

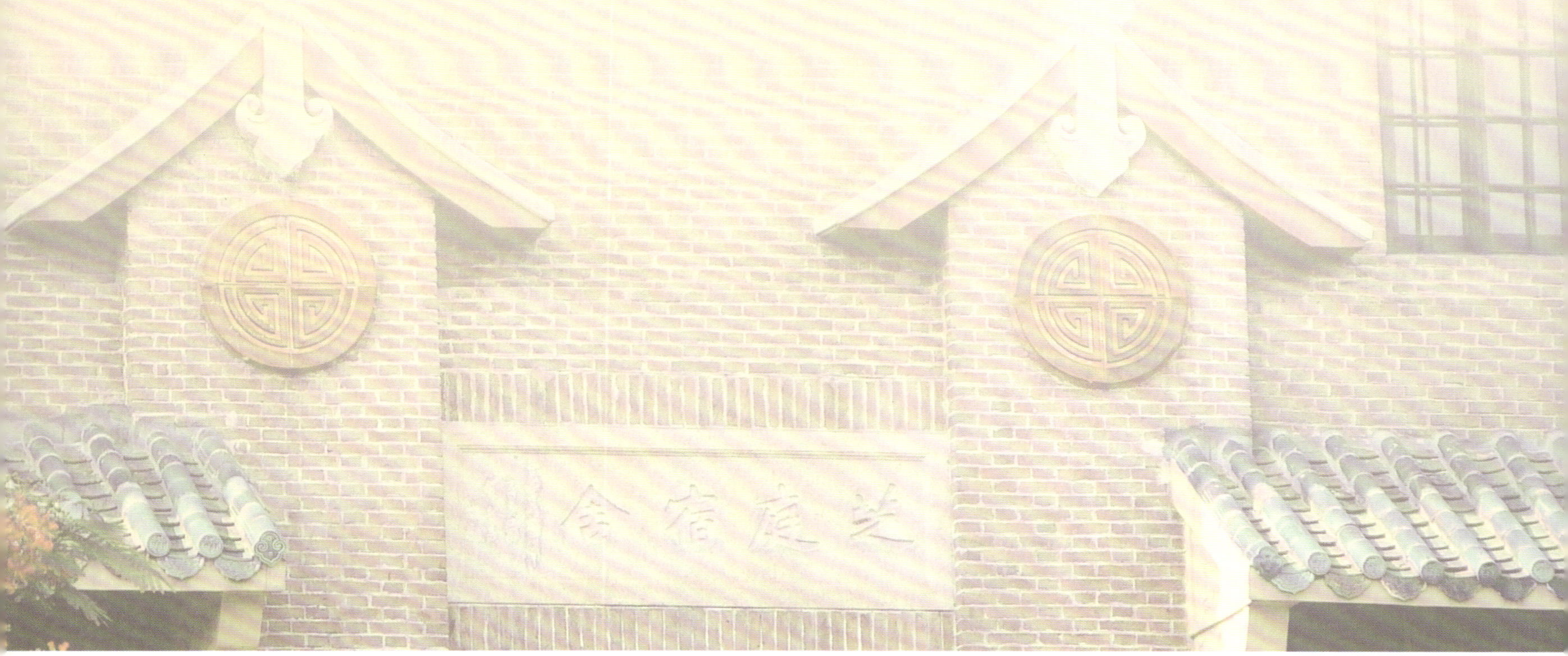

目　录 CONTENTS

博學慎思明辨篤行

第一章

遍地英雄下夕烟

近代中国，民族蒙羞、人民蒙难、文明蒙尘，无数仁人志士在救亡图存的道路上一次次抗争、一次次求索，为实现民族独立、人民解放舍生忘死。华南理工大学立校，肇端于1918年1月成立的广东省立第一甲种工业学校（简称“甲工”），甲工肩负着实业救国的梦想，承载着工程技能培训的任务，是中国高等工程教育的探路者之一，在中国革命史上声名赫赫，世称“红色甲工”。华工人引以为傲的“红色基因”正是发轫于此。

“国破尚如此，我何惜此头。”甲工涌现了一批青年革命志士和民族精英，他们中有人是早期马克思主义思想的启蒙者和践行者，有人是中共广东党团组织的创建者，有人是广东学生运动、工农运动的领导者。他们用青春热血在中国革命史上书写了浓墨重彩的一笔，他们英勇就义时的平均年龄，只有29.6岁。

“皇皇黉舍，石牌广宅，倭寇来袭，遂沦夷狄……”抗日战争时期，学校的重要办学源头之一——国立中山大学工学院先后迁徙至云南澄江、广东坪石等地办学。广东工专亦是如此，辗转中不忘保存文脉。“故国山河，犬羊足迹，悠悠澄江，雪鸿日夕，东望故乡，白云水隔……”有志青年在几度迁徙流离中坚持学术理想、坚持抗日救亡，读书不忘救国，救国不忘读书，在颠沛流离中刻苦求学、传道授业，挺起民族脊梁，续传民族文脉，不仅为中华民族的复兴积蓄了力量、保留了元气，更是向世人传达出抗战必胜的信念。

1 办学发轫

华南理工大学的办学历史最早可溯源至1918年1月成立的广东省立第一甲种工业学校。1952年全国高校院系调整之际，华南工学院以原国立中山大学工学院、华南联合大学理工学院、岭南大学理工学院工科系及专业、广东工业专科学校为基础组建，上述4院校因而成为华南理工大学的基本办学源头。

基本办学源头之广东工业专科学校

广东工业专科学校的前身是1918年成立的广东省立第一甲种工业学校。1910 年，广东工艺局成立。1918年1月，工艺局附设工业学校成立。同年8月，定名广东省立第一甲种工业学校。1924年，升格为广东省立工业专门学校，1930年改称广东省立工业专科学校，1933年扩设为勷勤工学院，1934年与其他学院扩建为广东省立勷勤大学。1938年，广东省立勷勤大学工学院并入国立中山大学工学院。1944年，广东省立工业专科学校复办，1950年改称广东工业专科学校。1952年11月，广东工业专科学校化工、机械、水利3个科并入华南工学院。

●广东省立工业专门学校校门

●广东省立勷勤大学校门

基本办学源头之国立中山大学工学院

1934年，国立中山大学在理工学院基础上，分出土木工程、化学工程二系，同时增设机械工程、电气工程二系，正式成立工学院，并随国立中山大学整体迁入广州石牌校区（现华南理工大学五山校区）办学。1938年，广东省立勷勤大学工学院并入国立中山大学工学院，工学院增设建筑工程学系。1950年，国立中山大学更名为中山大学。1952年，中山大学工学院土木、化工、机械、电机、建筑5个系并入华南工学院。

●国立中山大学校门

基本办学源头之华南联合大学理工学院

华南联合大学由私立广东国民大学、私立广州大学、私立广州法学院、私立文化大学、南方商业专科学校合并组建而成。其中，私立广东国民大学创办于1925年，1930年增设工学院。私立广州大学创办于1927年，其理学院于1940年扩建为理工学院。1951年，私立广东国民大学和私立广州大学并入华南联合大学。1952年，华南联合大学理工学院土木、机械、电机、建筑4个系并入华南工学院。

●1927年，陈炳权创办私立广州大学，图为该校校门。

●私立广东国民大学第二校舍旧址，现位于广州惠福西路。

基本办学源头之岭南大学理工学院

岭南大学理工学院可追溯至1930年成立的岭南大学工学院。岭南大学1888年初创时名为格致书院，在1900年、1912年、1918年先后更名为岭南学堂、岭南学校、岭南大学。1930年，岭南大学增设工学院。1938年，广州失陷于日军铁蹄之下，岭南大学迁往香港办学，工学院并入理学院，合称理工学院。1952年，岭南大学理工学院土木、电机2个系及有关科并入华南工学院。

岭南大学牌坊

2 红色甲工

20世纪初期，救亡图存的呐喊使积贫积弱的中华民族深刻地认识到，工业对于国家的发展尤为重要，各种以培养工业技术人才为目的的学校应势而生。1918年，甲工是当时广东唯一一所省立工业学校，设有机械、应用化学、染织、美术四科。此后历经三十余载，无论时代变迁、学校改组、校名更迭，其实业救国的教育方针始终没有改变，专业设置则在此前基础上稳定发展、壮大。因对新中国的成立作出了突出贡献，世称“红色甲工”。

1908年，在全国提倡实学、兴办学堂的潮流下，广东成立了劝业道，掌管农、工、商事宜，原广州知府陈望曾任道尹。

1910年6月16日，陈望曾以粤省劝业道道员名义发布《工艺局定期招考艺徒》布告，标志着工艺局办学由此开始。

1910年7月16日，陈望曾率道署官员考选工艺局学生，顺利招收500人。

原名農工商報

（館在廣東省城光雅里西關外）

廣東勸業報

壹百零五期

宣統貳年伍月拾壹日發行

論說　中國商業不振之原因

學理　中國機器學家考

農業　肥料製造實驗談　飼料採採法　桑子栽培法　收採蜜蜂之試驗

工業　廣東梨模蠟燭製法　試驗玻璃繪接法　五彩紋皮蛋製法　實驗製皮蛋法

專件　南洋勸業會場記事

報告　題多不錄

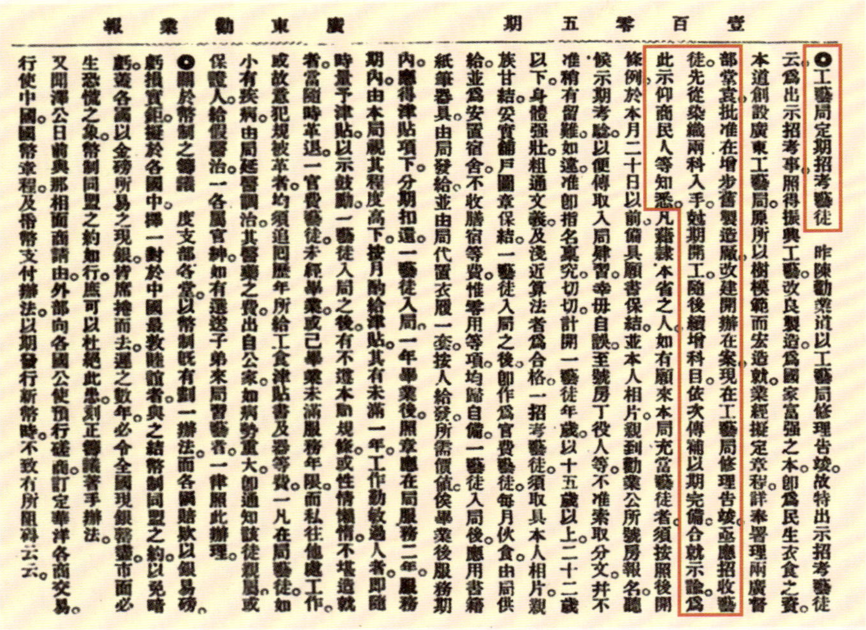

廣東勸業報　　壹百零五期

◎工藝局定期招考藝徒　昨陳勸業道以工藝局修理告竣。故特出示招考藝徒云。爲出示招考事。照得振興工藝。改良製造。爲國家富强之本。卽爲民生衣食之資。本道創設廣東工藝局。原所以樹模範而宏造就。業經擬定章程。詳奉署理兩廣督部堂袁批准在增步舊製造廠改建開辦在案。現在工藝局修理告竣。亟應招收藝徒。先從染織兩科入手。尅期開工。隨後續增科目。依次傳補。以期完備。合就示諭。爲此示仰商民人等知悉。凡籍隸本省之人。如有願來本局充當藝徒者。須按照後開條例。於本月二十日以前。備具願書保結。並本人相片。親到勸業公所號房報名。聽候示期考驗。以便傳取入局肄習。幸毋自誤。至號房丁役人等。不准索取分文。并不准稍有留難。如違。准卽指名稟究。切切。計開 一藝徒年歲以十五歲以上二十二歲以下。身體強壯。粗通文義及淺近算法者爲合格。一招考藝徒。須取具本人相片。親族甘結。妥實舖戶圖章保結。一藝徒入局之後。卽作爲官費藝徒。每月伙食由局供給。並爲安置宿舍。不收膳宿等費。惟零用等項。均歸自備。一藝徒入局後。應用書籍紙筆器具。由局發給。並由局代置衣履一套。接人給發。所需價值。俟畢業後服務期內。應得津貼項下分期扣還。一藝徒入局。一年畢業後。照章應在局服務二年。服務期內。由本局視其程度高下。按月酌給津貼。其有未滿一年。工作勤敏過人者。即隨時量予津貼。以示鼓勵。一藝徒入局之後。有不遵本局規條。或性情懶惰。不堪造就者。當隨時革退。一官費藝徒。未經畢業。或已畢業。未滿服務年限。而私往他處工作。或故意犯規被革者。均須追回歷年所給工食津貼書及器等費。一凡在局藝徒。如小有疾病。由局延醫調治。其醫藥之費。出自公家。如病勢重大。卽通知該徒親屬或保證人。給假醫治。一各屬官紳。如有遣送子弟來局習藝者。一律照此辦理。

◎關於幣制之會議　度支部各堂以幣制既有劃一辦法。而各國賠款以銀易磅。虧損實鉅。擬於各國中擇一對於中國最表睦誼者。與之結幣制同盟之約。以免嗜虧。蓋各國以金磅所易之現銀。皆席捲而去。週之數年。必令全國現銀罄竭。市面必生恐慌之象。幣制同盟之約如行。庶可以杜絕此患。刻正會議着手辦法。又聞澤公日前與那相面商。請由外部向各國公使預行磋商。訂定華洋各商交易。行使中國國幣章程。及將幣支付辦法。以期發行新幣時。不致有所阻礙云云。

《广东劝业报》上发布的招考布告

1918年1月，广东工艺局附设工业学校成立。同年3月，开始招收两年制学生。同年8月，定名为“广东省立第一甲种工业学校”，开始招收四年制学生。

1918年，广东省立第一甲种工业学校诞生，怀揣着“实业救国”的梦想，承载着工程技能培训的任务，是中国高等工程教育的探路者之一。图为广东省立工业专门学校徽章（该校于1924年由甲工升格而来）。

开创者

黄强（1888—1974）

1918年任广东工艺局局长时，创办广东省立第一甲种工业学校，并兼任校长。早年毕业于保定陆军速成学堂第一期炮科。“二次革命”失败后逃亡海外。后留学英、法等国，习工、农、航空等专业。1916年，回国投效孙中山参加国民革命。抗战爆发后，出任十九路军参谋长（后擢授中将衔）。

萧冠英（1892—1945）

1924年6月17日任广东省立工业专门学校校长。1931年任国立中山大学教务长，云南澄江办学时兼任工学院院长。

广东省立工业专门学校1927级学生在教师指导下学习操作小型瓦斯发电机组。

雷炳林（1882—1968）

我国纺织科研的开拓者。从美国宾夕法尼亚州费城纺织学校学成回国。曾任广东工艺局织染技师，执教以学用并举为重，为我国早期近代纺织业培育了不少技术人才，他的学生大多成为纺织工程界、教育界和科技界的领导人和学术中坚。其发明的综合性大牵引技术获得纺织部授予的技术成果一等奖。

高剑父（1879—1951）

高奇峰（1889—1933）

岭南画派之一代天骄高剑父和高奇峰，兄弟二人一同任职于甲工。“二高”与陈树人致力于中国画改革，创建了“岭南画派”。“二高”在任教期间所播撒的岭南画派文化精神，影响深远。一批学生受“二高”的聆教或感化，先后走上传承岭南画派艺术之路，成为岭南画派第二、第三代传人。

1920年11月，高剑父出任甲工校长。

穿着印有广东省立工业专门学校“K.I.T”（Kwang Tung Provincial Institute of Technology）字样工装裤的机械专业1928级学生，在机械厂上金属加工课。

红色基因

甲工是当时华南地区新民主主义革命思想的策源地之一，包括杨匏安在内的中国共产党广东组织先驱都曾在甲工讲授社会发展史课程，宣传社会主义历史观。受他们影响，从学生中走出了一批革命知识分子优秀青年，为中国共产党广东组织的创建和发展作出了卓越贡献，甲工师生在中国革命史上书写了浓墨重彩的一笔。

●1919年11月，包括甲工学生在内的数百名进步青年学生，被军阀禁闭于广州市长堤先施公司（今长堤大马路318号）内。

●甲工1918级机械科学生在工场实习。

1920年，陈独秀出任广东省教育委员会委员长，致力于教育改革，并筹划建设共产党小组。他到各学校、行会四处演说，为“刷新教育”造势和“搜罗人才”。1921年1月22日，陈独秀到甲工演说，强调“劳动神圣”，世界是“劳动者开辟出来的”，鼓励“工学生”联合劳动者阶级，“做成社会上种种改造的事业”。陈独秀与甲工的这次相遇，对经历了五四爱国运动的“革命种子”——甲工学生给予了莫大的鼓励。甲工学生周其鉴、阮啸仙整理了讲稿并于《广东群报》上发表，在文末附注：“陈先生这番发挥，妙言精义，连出不穷，好像天花乱坠一样，片片喷香。”

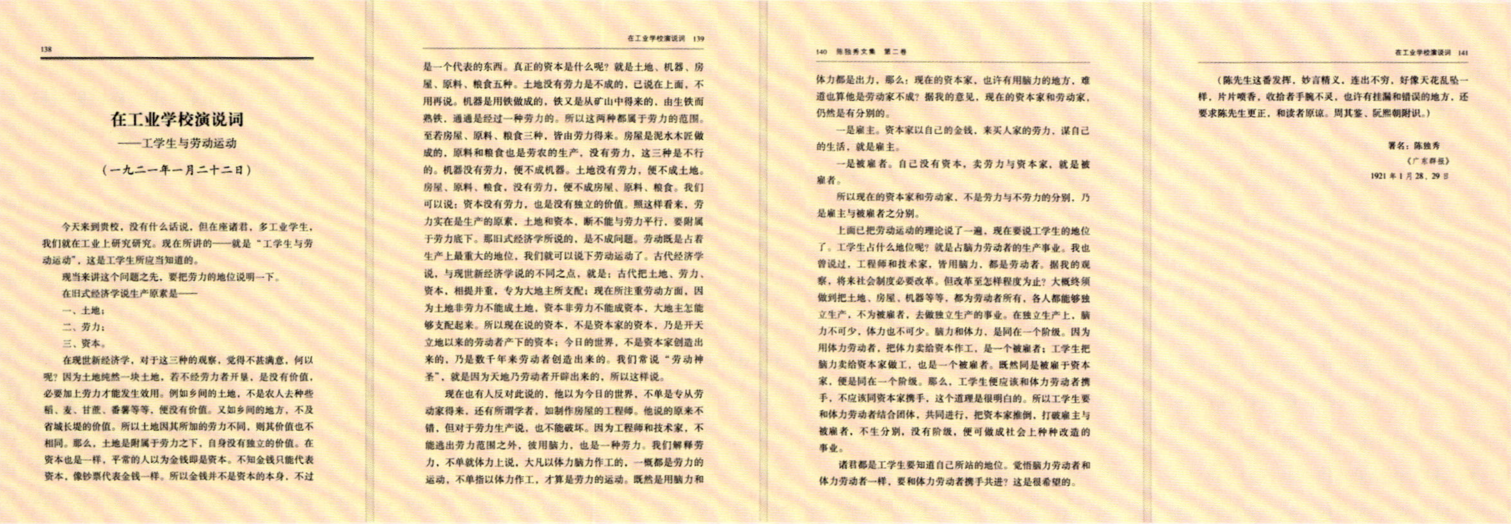
138

在工业学校演说词

——工学生与劳动运动

（一九二一年一月二十二日）

今天来到贵校，没有什么话说，但在座诸君，多工业学生，我们就在工业上研究研究。现在所讲的——就是“工学生与劳动运动”，这是工学生所应当知道的。

现当来讲这个问题之先，要把劳力的地位说明一下。

在旧式经济学说生产原素是——

一、土地；

二、劳力；

三、资本。

在现世新经济学，对于这三种的观察，觉得不甚满意，何以呢？因为土地纯然一块土地，若不经劳力者开垦，是没有价值，必要加上劳力才能发生效用。例如乡间的土地，不是农人去种些稻、麦、甘蔗、番薯等等，便没有价值。又如乡间的地方，不及省城长堤的价值。所以土地因其所加的劳力不同，则其价值也不相同。那么，土地是附属于劳力之下，自身没有独立的价值。在资本也是一样，平常的人以为金钱即是资本。不知金钱只能代表资本，像钞票代表金钱一样。所以金钱并不是资本的本身，不过

在工业学校演说词 139

是一个代表的东西。真正的资本是什么呢？就是土地、机器、房屋、原料、粮食五种。土地没有劳力是不成的，已说在上面，不用再说。机器是用铁做成的，铁又是从矿山中得来的，由生铁而熟铁，通通是经过一种劳力的。所以这两种都属于劳力的范围。至若房屋、原料、粮食三种，皆由劳力得来。房屋是泥水木匠做成的，原料和粮食也是劳农的生产，没有劳力，这三种是不行的。机器没有劳力，便不成机器。土地没有劳力，便不成土地。房屋、原料、粮食，没有劳力，便不成房屋、原料、粮食。我们可以说：资本没有劳力，也是没有独立的价值。照这样看来，劳力实在是生产的原素，土地和资本，断不能与劳力平行，要附属于劳力底下。那旧式经济学所说的，是不成问题。劳动既是占着生产上最重大的地位，我们就可以说下劳动运动了。古代经济学说，与现世新经济学说的不同之点，就是：古代把土地、劳力、资本，相提并重，专为大地主所支配；现在所注重劳动方面，因为土地非劳力不能成土地，资本非劳力不能成资本，大地主怎能够支配起来。所以现在说的资本，不是资本家的资本，乃是开天立地以来的劳动者产下的资本；今日的世界，不是资本家创造出来的，乃是数千年来劳动者创造出来的。我们常说“劳动神圣”，就是因为天地乃劳动者开辟出来的，所以这样说。

现在也有人反对此说的，他以为今日的世界，不单是专从劳动家得来，还有所谓学者，如制作房屋的工程师。他说的原来不错，但对于劳力生产说，也不能破坏。因为工程师和技术家，不能逃出劳力范围之外，彼用脑力，也是一种劳力。我们解释劳力，不单就体力上说，大凡以体力脑力作工的，一概都是劳力的运动，不单指以体力作工，才算是劳力的运动。既然是用脑力和

140 陈独秀文集 第二卷

体力都是出力，那么：现在的资本家，也许有用脑力的地方，难道也算他是劳动家不成？据我的意见，现在的资本家和劳动家，仍然是有分别的。

一是雇主。资本家以自己的金钱，来买人家的劳力，谋自己的生活，就是雇主。

一是被雇者。自己没有资本，卖劳力与资本家，就是被雇者。

所以现在的资本家和劳动家，不是劳力与不劳力的分别，乃是雇主与被雇者之分别。

上面已把劳动运动的理论说了一遍，现在要说工学生的地位了。工学生占什么地位呢？就是占脑力劳动者的生产事业。我也曾说过，工程师和技术家，皆用脑力，都是劳动者。据我的观察，将来社会制度必要改革。但改革至怎样程度为止？大概终须做到把土地、房屋、机器等等，都为劳动者所有，各人都能够独立生产，不为被雇者，去做独立生产的事业。在独立生产上，脑力不可少，体力也不可少。脑力和体力，是同在一个阶级。因为用体力劳动者，把体力卖给资本作工，是一个被雇者；工学生把脑力卖给资本家做工，也是一个被雇者。既然同是被雇于资本家，便是同在一个阶级。那么，工学生便应该和体力劳动者携手，不应该同资本家携手，这个道理是很明白的。所以工学生要和体力劳动者结合团体，共同进行，把资本家推倒，打破雇主与被雇者，不生分别，没有阶级，便可做成社会上种种改造的事业。

诸君都是工学生要知道自己所站的地位。觉悟脑力劳动者和体力劳动者一样，要和体力劳动者携手共进？这是很希望的。

在工业学校演说词 141

（陈先生这番发挥，妙言精义，连出不穷，好像天花乱坠一样，片片喷香，收拾者手腕不灵，也许有挂漏和错误的地方，还要求陈先生更正，和读者原谅。周其鉴、阮熙朝附识。）

署名：陈独秀

《广东群报》

1921年1月28、29日

●《陈独秀文集·第二卷》中收录的《在工业学校演说词》。

风云人物

杨匏安（1896—1931）

甲工教师，1921年加入中国共产党，华南地区马克思主义最早传播者，广东工人运动先驱，第一届中央监察委员会副主席，中央农民部副部长。1931年7月，因叛徒告密被捕，他严辞拒绝蒋介石的多次劝降，次月就义于上海龙华，时年35岁。

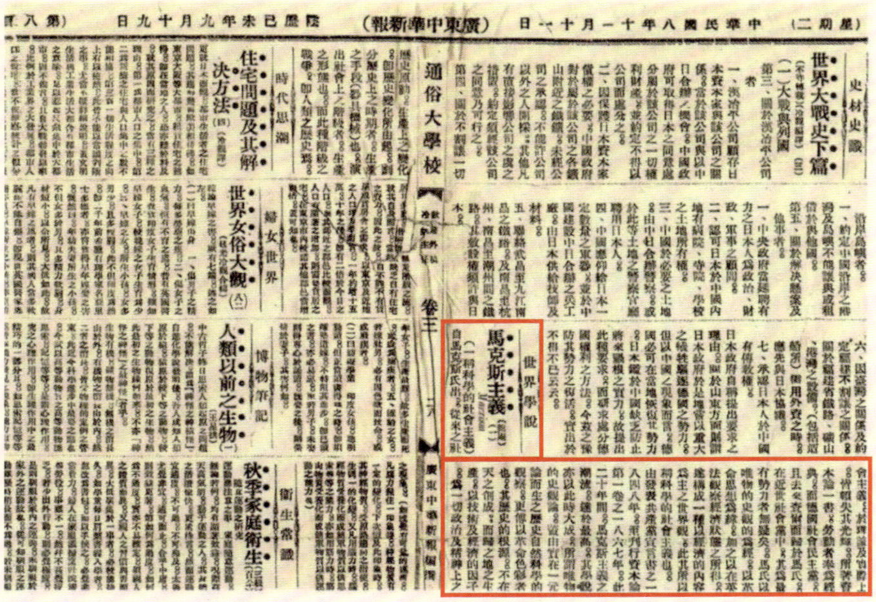

星期二 中華民國八年十一月十一日 廣東中華新報 陰曆己未年九月十九日 第八頁

史材史識 世界大戰史下篇

通俗大學校

時代思潮 住宅問題及其解決方法

婦女世界 世界女俗大觀

博物雜記 人類以前之生物

衛生常識 秋季家庭衛生

世界學說 馬克斯主義

●谈起传播马克思主义的先驱，有“南杨北李”之说，“李”指李大钊，“杨”则指的是杨匏安。《马克斯（思）主义》在《广东中华新报》上连载19次，是华南地区最早系统介绍马克思主义的文章，与李大钊的《我的马克思主义观》几乎同时问世。图为1919年11月11日的《广东中华新报》刊登的杨匏安的《马克斯（思）主义》文章。（图片来源：中共三大会址纪念馆）

●2022年10月23日，杨匏安之子杨文伟题赠“传承红色基因　赓续甲工精神”。

在甲工及广东工业专科学校的历史中，涌现了杨匏安、阮啸仙、周文雍、刘尔崧、周其鉴、张善铭、黄学增等诸多英烈。他们在革命斗争中将生死置之度外，慷慨赴难，壮烈捐躯。这段革命报国的历史，在办学源头为华南理工大学注入了鲜明的红色基因。这是一股源源不绝的精神力量，一段“我以我血荐轩辕”的铮铮誓言，一种报国、兴国、强国的使命担当，在学校百年历史长河里融入师生血脉之中。

1926年，中共广东区委书记陈延年（右二）与区委其他领导杨匏安（右一）、刘尔崧（左二）等合影于广州东园省港大罢工指挥部。

彭湃（右一）、阮啸仙（后中）送别张善铭（前中）、杨石魂（左一）赴苏留学留影。

- 在五四运动期间，杨匏安、阮啸仙、刘尔崧、周其鉴、张善铭等参与组织领导了广东地区的学生运动。
- 1920年8月，广州社会主义青年团创立，甲工师生杨匏安、阮啸仙、刘尔崧、周其鉴、张善铭及黄学增等为首批青年团团员。
- 1921年8月，中共广东党支部创建，16名成员中有杨匏安、阮啸仙、刘尔崧、周其鉴、张善铭5名甲工师生。
- 1923年6月，中共三大在广州举行，4名广东代表中便有阮啸仙和刘尔崧2名甲工毕业生。
- 1924年7月起，阮啸仙参与创办广州农民运动讲习所，并担任第三届主任和第一届至第六届教员。
- 1926年5月至9月，周其鉴追随毛泽东在广州举办第六届农民运动讲习所。
- 1927年5月，杨匏安出席中共五大并被选为中央监察委员会副主席，阮啸仙因故未能出席，但被选为中央监察委员会候补委员。
- 1927年12月，周文雍参与领导了广州起义，阮啸仙、张善铭、周其鉴等参加了相关工作。
- 1928年6月，阮啸仙出席中共六大，当选为中央审查委员会委员。

阮啸仙（1897—1935）

机械科1918级，广东青年运动先驱，中共历史上第一位“审计长”，大革命时期著名的农民运动领袖，与彭湃一起举办了广州第三届农民运动讲习所并担任主任。1935年，阮啸仙率红军队伍在赣南突围，不幸中弹牺牲，时年38岁。陈毅闻讯，赋诗《哭阮啸仙、贺昌同志》，深表悲痛：“环顾同志中，阮贺足称贤。阮誉传岭表，贺名播幽燕。审计呕心血，主政见威严。哀哉同突围，独我得生全。”

周文雍（左）（1905—1928）

机械科1922级，广州青年运动、工人运动领袖之一，广州起义主要领导者之一。1928年，周文雍因叛徒出卖而被捕，他与在革命斗争中建立了爱情的陈铁军（右）一起，在广州红花岗刑场举行婚礼，共同从容就义，时年23岁。家喻户晓的红色经典故事《刑场上的婚礼》便是以他们二人为原型，后被改编为电影、戏剧等多种艺术形式，再现当年的悲壮记忆。

人民日报

RENMIN RIBAO

2009年9月 11 星期五 己丑年七月廿三 人民日报社出版 国内统一连续出版物号 CN 11-0065 第22343期（代号1-1） 今日20版

人民网 网址：http://www.people.com.cn 手机：http://wap.people.com.cn

100位为新中国成立作出突出贡献的英雄模范人物
100位新中国成立以来感动中国人物

双百人物评选揭晓

新华社北京9月10日电 为推动群众性爱国主义教育活动深入开展，迎接新中国成立60周年，经中央批准，中央宣传部、中央组织部、中央统战部、中央文献研究室、中央党史研究室、民政部、人力资源和社会保障部、全国总工会、共青团中央、全国妇联、解放军总政治部等11个部门联合组织开展评选"100位为新中国成立作出突出贡献的英雄模范人物和100位新中国成立以来感动中国人物"活动。活动自5月中旬启动以来，广大干部群众积极响应，广泛参与，纷纷通过各种形式提名推荐候选人。7月20日至8月10日，根据提名情况确定的150位为新中国成立作出突出贡献的英雄模范人物候选人和150位新中国成立以来感动中国人物候选人，向社会公布并接受群众投票。20天时间内，群众参与投票总数近1亿。在投票评选的基础上，经过有关部门审核、组委会评审和专家投票等程序，最终评选出100位为新中国成立作出突出贡献的英雄模范人物和100位新中国成立以来感动中国人物，现予公布。

100位为新中国成立作出突出贡献的英雄模范人物名单（按姓氏笔画排序）

100位新中国成立以来感动中国人物名单（按姓氏笔画排序）

全国"双百"评选活动组委会
2009年9月10日

2009年，中宣部、中组部等11部门联合组织开展“100位为新中国成立作出突出贡献的英雄模范人物”和“100位新中国成立以来感动中国人物”评选活动。阮啸仙、周文雍两位烈士入选“100位为新中国成立作出突出贡献的英雄模范人物”之列。

刘尔崧（1899—1927）

机械科 1918 级，曾任甲工学生会主席，广东青年运动先驱、工人运动领袖，1927 年在广东“四一五”反革命政变中被捕就义。

周其鉴（1893—1928）

染织科1918级，广东农民武装运动第一人，追随毛泽东在广州举办第六届农民运动讲习所，1928年被捕就义。

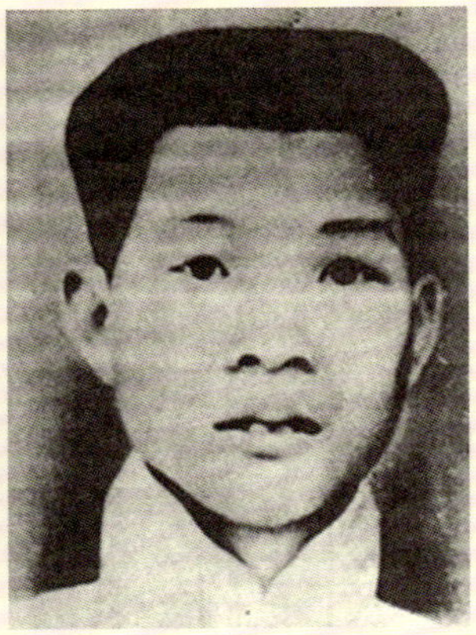

张善铭（1900—1928）

应用化学科1918级，广东早期青年运动领袖之一，1928年被捕就义。

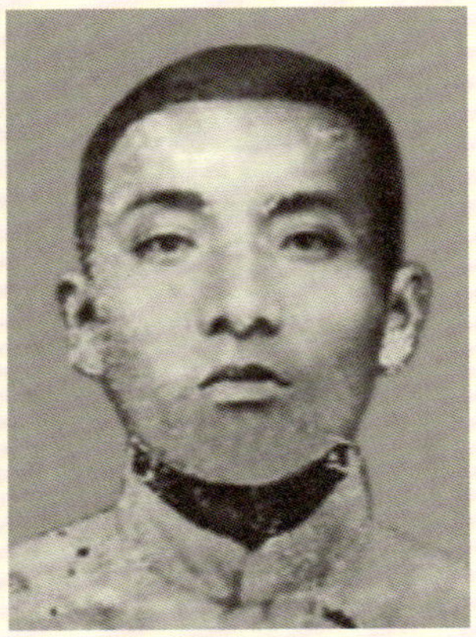

黄学增（1900—1929）

染织科1920级，广东农民运动领袖之一，1929年被捕就义。

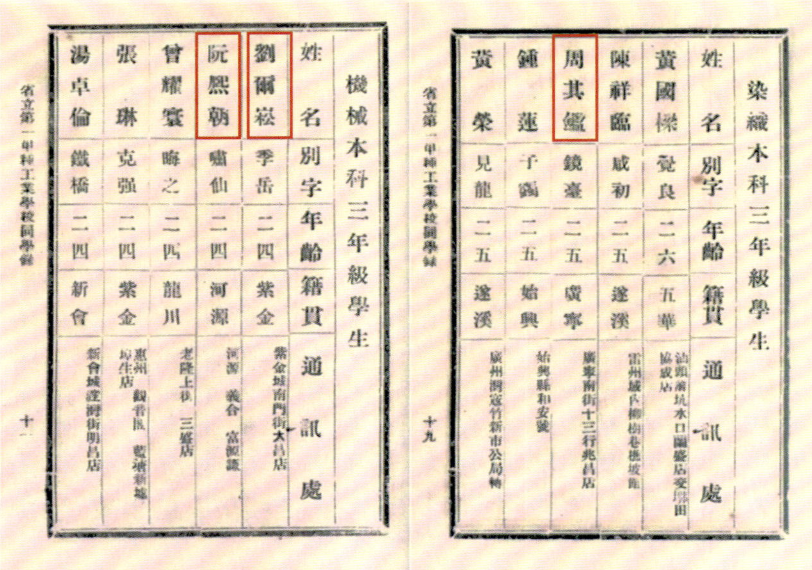

機械本科三年級學生

姓名	別字	年齡	籍貫	通訊處
劉爾崧	季岳	二四	紫金	紫金城南門街大昌店
阮熙朝	嘯仙	二四	河源	河源 義合 富源號
曾耀寰	晦之	二四	龍川	老隆上街 三盛店
張琳	克強	二四	紫金	惠州 觀音閣 藍塘新墟 培生店
湯卓倫	鐵橋	二四	新會	新會城達濟街明昌店

省立第一甲種工業學校同學錄 十一

染織本科三年級學生

姓名	別字	年齡	籍貫	通訊處
黃國樑	覺良	二六	五華	汕頭崎碌坑水口圖盛店交邱田協成店
陳祥臨	咸初	二五	遂溪	雷州城內柳樹巷德坡館
周其鑑	鏡臺	二五	廣寧	廣寧南街十三行兆昌店
鍾蓮	子禹	二五	始興	始興縣和安號
黃榮	見龍	二五	遂溪	廣州灣寬竹新市公局轉

省立第一甲種工業學校同學錄 十九

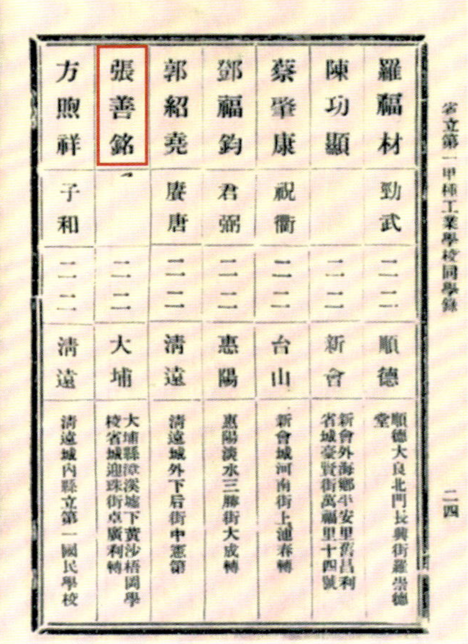

羅福材	勁武	二二	順德	順德大良北門長興街羅崇德堂
陳功顯		二二	新會	新會外海鄉平安里舊昌利 省城豪賢街萬福里十四號
蔡肇康	祝衛	二二	台山	新會城河南街上滙春轉
鄧福鈞	君弼	二二	惠陽	惠陽淡水三勝街大成轉
郭紹堯	賡唐	二二	清遠	清遠城外下岳街中憲第
張善銘		二二	大埔	大埔縣漳溪墟下黃沙梧岡學校省城迎珠街卓廣利轉
方煦祥	子和	二二	清遠	清遠城內縣立第一國民學校

省立第一甲種工業學校同學錄 二四

●1922年3月，广东省立第一甲种工业学校同学录部分名单。

李任予（1903—1932）

染织科1922级，1927年12月参加广州起义，1929年12月在红四军古田会议上当选为由11人组成的前敌委员会委员。1930年2月7日，重建红四军军委时，为军委六常委之一、政治部“党团”书记。1932年9月30日不幸被捕，11月27日就义，年仅29岁。

●福建古田会议纪念馆陈列的红四军部分前敌委员像。左起：毛泽东、朱德、陈毅、李任予。

张震球（1907—1974）

染织科1924级，1924年加入中国共产党，1925年参加省港大罢工，1926年考入黄埔军校第五期，1928年任中共广西玉林县委书记。戎马半生的无衔战将，中华人民共和国成立后，任中国科协书记处第一书记。

●1941年9月9日，张震球（左三）与陈毅（右五）、张云逸（右三）、张爱萍（右二）在淮北泗阳县合影。

曾碧漪（1907—1997）

1924级，1928年任江西寻乌县委妇委书记、县苏维埃妇女部长；1929—1933年任毛泽东机要文书、秘书。

●中华苏维埃第一次全国代表大会开幕当天6名女工作人员合影（前排左为曾碧漪）。

3 木铎响彻

在广州，一处位于广园快速路和五山路交界处的石牌坊，见证着广东高等教育的发展历史。今天，华南理工大学矗立于此，她所在的这片校园，被人们亲切地称为“华园”。上溯至20世纪30年代，这片土地正是国立中山大学的校园故址。

邹　鲁（1885—1954）

1924年，孙中山任命国民党要员邹鲁为国立广东大学筹备主任，培养“研究高深学理与技术”的救国人才。同年，孙中山任命邹鲁为国立广东大学校长。

●原国立中山大学石牌校区奠基石，该石现已遗失。

1924年，孙中山先生亲手将广州地区实行近代高等教育模式的多所学校整合创立国立广东大学。学校成立后，孙中山命时任校长邹鲁择定广州市东郊外石牌为新校址，后因筹款未能落实，校园建设被搁置。1925年，孙中山先生与世长辞，为纪念他的历史功绩，学校于次年更名为国立中山大学，而石牌校区终于在1933年动工建设，并于1934年、1935年如期完成一期和二期工程。第三期工程于1936年动工，遗憾的是，由于日军侵华战乱，三期工程中最为宏伟的中山纪念堂、农学院、博物院等重要建筑未及兴建。

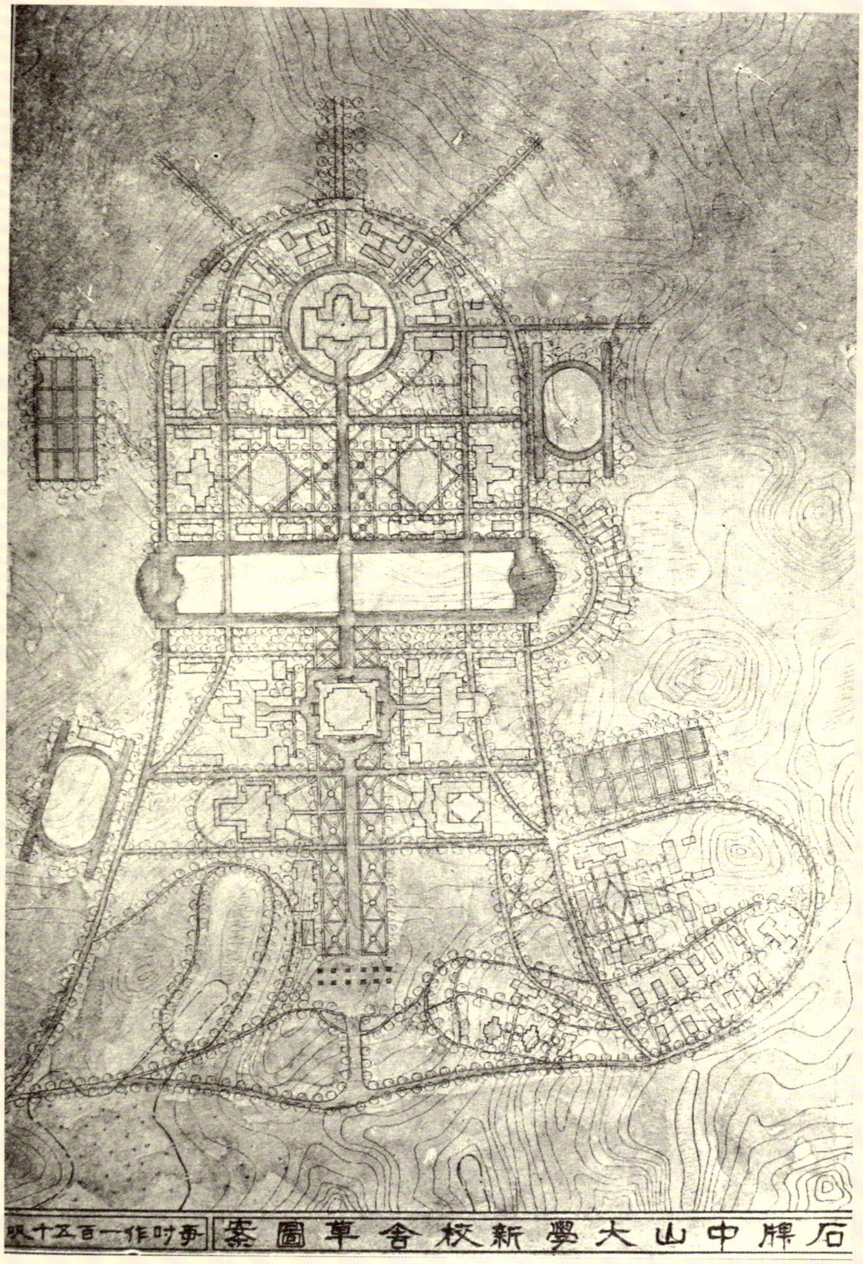

建筑布局“恰似钟”，是石牌校区规划中的一个亮点，如邹鲁所言：“院分文法理工农，全体形成恰似钟。若网在纲毫不紊，只想调洽不相冲。”图为国立中山大学石牌新校舍草图案。

石牌校区校舍由杨锡宗、林克明、胡德元、郑校之等负责设计，成为中国人自行设计和兴建大学之典范。这些至今仍在使用的老建筑，气势恢宏、造型典雅、装饰精美，主体造型以中式风格为主，细部处理常借用西式手法，中西合璧、巧妙自然，形成了规模宏大、保存完好的民国时期大型建筑群。

●1931年，西南政务委员会决定在石牌五山地区建设国立中山大学新校舍。图为石牌新校舍全部计划图案。

“博学、审问、慎思、明辨、笃行”为孙中山先生为国立广东大学（后改名国立中山大学）所题训词，充分彰显了孙中山的教育理念。1934年11月11日该校举行10周年校庆，邹鲁依《中庸》原文在每句末都加一个“之”字，刻石时便呈5句15字。

●国立中山大学时期的校训石

国立中山大学新校舍记

中华民国十三年春，吾党总理孙中山先生命鲁创办国立广东大学，是年九月成立。总理以原有校舍，散处市区，不适藏修，尤难发展，复命鲁择定石牌为新校址甫事经营。而总理薨逝，本校遂易今名，以资纪念。十四年秋，鲁以清共事去职，自是新校建筑，虽有计划莫之实行。二十年冬，曾兴建筑农学馆，未三月而中止。廿一年春，鲁复长本校，以新校计划亲受命于总理，不敢不勉力筹建，终始其事，乃先后请准西南政务委员会拨舶来肥田料捐及洋米捐之一部，为建筑费。复与本校在粤诸董事，发起募捐。遂于廿二年三月兴工建筑。于十一月十一日本校九周年纪念日行奠基礼。由是年十二月始，财政部复按月拨款补助，迄本年九月止。先后竣工者，有总理铜像一座，农学院之农学馆一座，简易蚕室，调桑室，及附属房舍数座，稻作场办公室，及附属房舍数座，理学院之化学教室一座，工学院之电气工程机械工程教室共一座，土木工程教室一座，男宿舍六座，女宿舍一座，膳堂二座。除缘附建筑物之公路外，全校可通车之公路都凡七十余里。发电厂及自来水厂则尚在建筑中。农、工、法三学院，则于本年秋季迁入新校开学焉。现复兴工建大门石牌坊一座，文学院全座，法学院全座，农学院之农林化学馆一座，园艺温室一座，农场总务股办事处一座，森林股办事处一座，农场贮藏室一座，蚕学馆一座，乳牛房一座；理学院之数学天文物理教室共一座，生物地质地理教室共一座；工学院之化学工程教室一座，工厂数座，宿舍数座，计其明年七月可以竣工。若夫礼堂、图书馆、博物馆、天文台、体育馆、总办公厅，农学院之林学馆、农林植物研究所、蚕种冷藏库、职教员宿舍等，兴工建筑，则有待于明年。全校建筑物之位置，礼堂居中，左为文学院，右为法学院，礼堂正北为农学院，其东南为理学院，西南为工学院，礼堂之南，则总理铜像巍然在目，像东为图书馆，西为博物院。礼堂东南高峰为天文台，台西南则为大门，门之左为稻作场，礼堂之西北隅，湖光潋滟，湖之东为女生宿舍，湖之西南为蚕学馆、调桑室，男生宿舍则居礼堂东北隅，据数平冈，错若置棋，教职员宿舍，则聚处图书馆东南隅，运动场、游泳场，则散居各处。凡兹计划，使各学院等自成一区，分途发展而不相妨焉。以言夫形势，则白云山环其侧，珠江绕其前，校内冈峦起伏，池沼荡漾，分划区段，以我国诸行省分名其区，复因各区之冈峦池沼附以行省内山川湖泽名号，使入本校者悠然生爱国之心，即毅然负兴国之责。全校占地万余亩，除建筑物外，均为农场，凡植竹木果树二百万株有奇，复辟道路至白云山林场，联贯为一，林场种树约一百六十余万株，是不特可增河山之美丽，而资本校员生之修养，亦有足多焉。预计五年后，有收益者，可得五十万株，每年每株以一元计，则年可得五十万元，十年后三百万株皆有收益，每年每株以一元计，则年可得三百余万元。畜牧园艺，尚不与焉。盖欲使向来消费之教育，化为生产之教育，此后理、工、医各科，亦将分门计划，达此目的，是则鲁积年来之教育主张也，溯总理之创办本校也，除广州一隅外，四境皆敌，当日财政复为军人所据，终排万难而创立本校，且择石牌定为新校基，其高瞻远瞩为何如哉！余亲承总理之教，复受命计划建筑新校，故不可惮于世界经济不振，全国经济不振，广东经济不振之今日，毅然决然，兴工建筑。幸获在粤诸董事，及财政部长之助，得以经营有成。而个人忍辱迈进，降心从事，每当困难纷沓之际，辄绕室彷徨，寝不安，食不饱，岂有他哉。亦欲完成总理之付托，为党为国树一最高学府以救中国救民族而已，但作始甚简。若本总理创造本校之旨，发扬而光大之，则其责又诸同志及国人所应共负者也。兹特乘本校成立十周年纪念，又庆新校落成，农、工、法三学院迁入，及文、法两学院奠基之时，综阙始末记之，已告成事，且督后功。

——中华民国二十三年十一月十一日校长邹鲁谨志并书

●《国立中山大学新校舍记》碑石，原置于华南理工大学五山校区2号楼东侧南墙，现存放于华南理工大学逸夫人文馆。

国立中山大学石牌校区第一期工程于1933年开始，1934年秋结束，工学院首批整体迁入。工学院的电气工程、机械工程教室（8号楼）和土木工程教室（9号楼），以及理学院的化工教室（6号楼），均为杨锡宗设计。

8号楼

9号楼

●6号楼

6号楼位于华南理工大学五山校区庐山路东侧，由岭南近现代著名建筑师杨锡宗设计，1933年3月动工，次年9月竣工，建筑面积2363.2平方米。

该楼原为国立中山大学理学院化学系教室，1945年抗日战争胜利后作为学校总办公厅所在地；1952年10月华南工学院组建后，该楼曾一度用作图书馆及学校办公场所；1954年底，6号楼转归建筑学系，使用至今。

1958年，时任华南工学院党委第一书记张进为该楼题写楼额“建筑红楼”，因此6号楼又被称为“建筑红楼”。

1935年，第二期工程完毕，石牌新校已初具规模。主要建筑物有：文学院（5号楼，郑校之设计）、法学院（12号楼，林克明设计）、工学院的化学工程教室（7号楼，林克明设计）等。

5号楼由岭南近现代著名建筑师郑校之设计，1934年10月动工，次年11月竣工，建筑面积3530.9平方米。

5号楼原为国立中山大学文学院院址。1938年10月广州沦陷前，5号楼是国立中山大学爱国学生开展抗日救亡活动的聚集地；1941年9月至1945年日本投降期间，该楼为侵华日军第二十三军司令部所在地；1949年10月广州解放前夕，它是广州地区进步学生反饥饿、反内战、反迫害斗争的策源地。

5号楼现为华南理工大学公共管理学院、马克思主义学院所用。

●5号楼

7号楼

林克明（1900—1999）

广东东莞人，中共党员，1920年赴法勤工俭学，1926年从法国里昂建筑工程学院毕业后，回国从事城市建设设计工作。1932年创办广东省立勷勤大学建筑系（华南理工大学建筑系前身），任教授兼系主任；1945年任国立中山大学工学院建筑系教授；1979年兼任华南工学院建筑系教授、建筑设计研究院院长。林克明因其立功、立德、立言的“三不朽”功绩，被公认为中国建筑现代化的先驱者和伟大的城市设计家。

12号楼原系国立中山大学法学院院址，现为华南理工大学工商管理学院所用。建筑掩映在绿树之中，给人以古朴典雅之感。

12号楼由岭南近现代著名建筑师、建筑教育家林克明设计，1934年10月动工，次年11月竣工。该楼总建筑面积3554.5平方米，框架结构，高3层。绿瓦红墙，飞檐彩画，铁钟清鸣，处处展现着古式建筑的神奇魅力。正门门额“法学院”以及大楼奠基石上“海外同志　海外侨胞　捐资纪念”等字，均为国立中山大学校长邹鲁所书。

12号楼

●20世纪30年代国立中山大学法学院（现12号楼）建筑基建图纸，图纸右下角可见设计师林克明签章。

中山大學法學院建築圖案
比例尺 1/8"=1'-0"
編號 日期
建築工程師 林克明
繪圖
林克明建築工程師事務所

华园风物

●体育馆

体育馆位于华南理工大学五山校区中山东路，原为国立中山大学体育馆，由岭南近现代著名建筑设计师关以舟、余清江设计，1936年6月动工，次年9月竣工，建筑面积约2900平方米，楼前正门门额“体育馆”三个字为国立中山大学校长邹鲁所书。

1952年11月17日，华南工学院首届开学典礼在体育馆举行，这个历史性的日子后来被定为学校校庆日。

该馆为大跨度公共建筑，分为前后两部分。前馆为双层辅助用房，今为学校机关办公场所；后馆为单层室内运动场，起初作为集会文化活动场所，雨天则作为室内体育课场地。2012—2013年，学校对体育馆进行了修缮，在后馆中增加了780张舒适座椅。如今，体育馆成为华园师生中小型集会的好去处。

发电所为岭南近现代建筑设计师杨锡宗设计，于1935年建成。整栋建筑外观上形成红砖、黑漆金属、压花玻璃等不同颜色和材质的对比，是当时石牌校区中颇具特色的现代风格建筑。1938年广州沦陷，日军盘踞校园，霸占发电所，恣意享受用电之便。1945年，日军投降，国立中山大学收复石牌校园，所内发电设施经维修维护，继续为师生所用。随着岁月更替，发电所的原有功能随之改变。2008年学校将发电所改为校园咖啡吧，在保留外观的基础上，内部作欧式装修。现在仍能从室内唯一保留的一台天车寻觅到它早年的痕迹。

发电所

民主广场所在地为东一至东五宿舍楼所围成的半圆形空地。中华人民共和国成立前，地下党领导的进步力量曾与国民党“三民主义青年团”反动派力争民主广场“阵地”主导权，并最终获胜。这里曾多次召开过由地下党组织领导的学生大会。解放前夕，常有数百师生聚集于此开展“大合唱”，演唱《团结就是力量》《跟着共产党走》等歌曲，表达对建立新中国的期待。

民主广场

●中山像

1933年，日本友人梅屋庄吉向国立中山大学赠送孙中山先生铜像一尊，被安放于五山校区现中山像所在处。解放战争时期，铜像广场曾是进步学生激斗志、谈理想、抒胸襟的场所。1952年，中山大学迁往他处办学，原孙中山先生铜像也辗转迁往。

泳池为日军侵华时修建，专供日本侵略者首领享用，直至日本投降。该泳池是日军侵略中国的罪证之一。2004年，学校在泳池旁勒石为铭：“一九三八年十月至一九四五年八月，日本侵华‘南支方面军’第二十一和二十三军占此校园为司令部，恣睢据半山公园一角作泳池，供其使用。抗战胜利，校园重光，泳池长留，欲告学子，勿忘国耻，立志成才，兴我中华。”

●泳池铭

启新亭建成于1935年，设计者为岭南近现代著名建筑师和建筑教育家林克明。亭内曾有邹鲁书写的“缔造艰难”四个大字，“文革”时已被毁掉。当年在石牌设立稻作试验总场时，周边村民以对灌溉用水和风水不利为由，阻挠农场建设，发生群殴事件。学校迁入后，组织师生为村民服务，获得好评。小亭竣工的日子，适逢农场成立十周年，“四乡皆载酒舞狮助庆”，农学院师生捐资在遭殴打之地兴建该亭，以纪念建校过程中所经历的艰辛，勉励后人珍惜光阴，努力学习。

●启新亭

4 烽火播迁

国立中山大学三度迁校

国立中山大学工学院是华南理工大学重要的办学源头之一。抗日战争时期，国立中山大学先后迁徙至云南澄江、广东坪石等地办学，有志青年在迁徙流离中坚持学术理想、坚持抗日救亡。

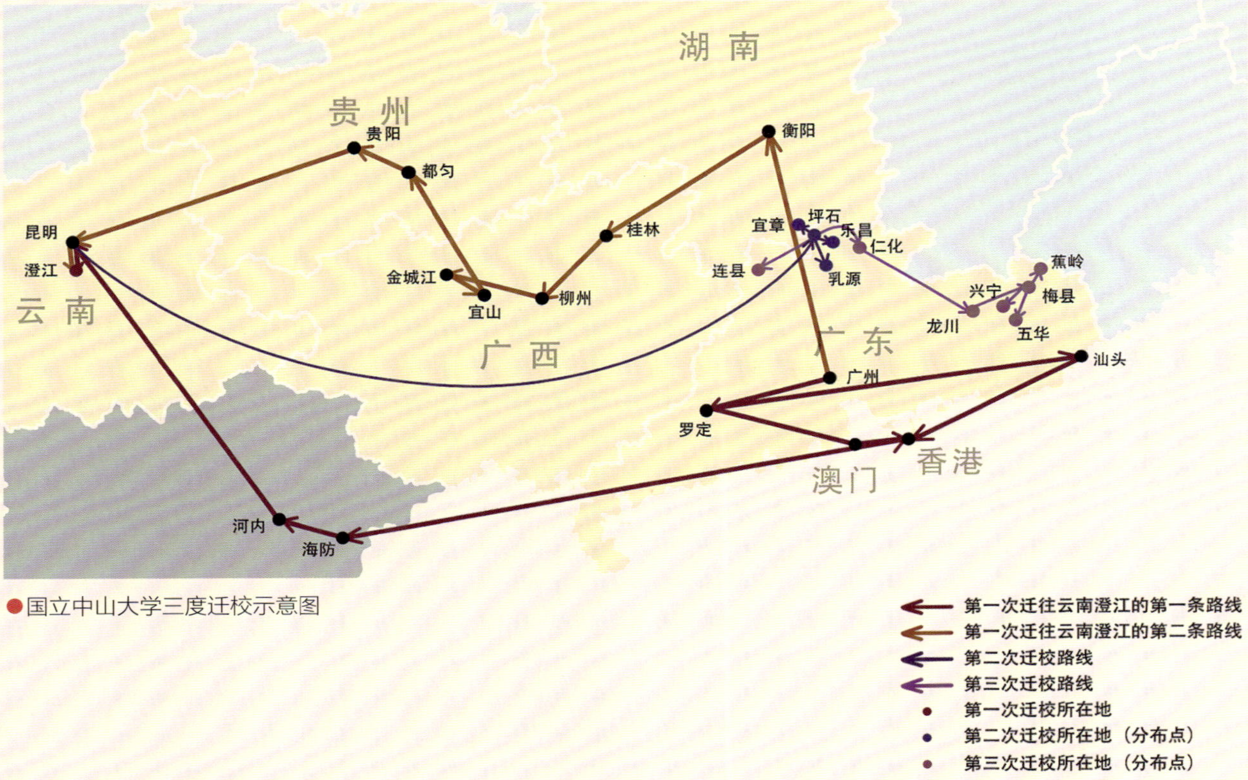

● 国立中山大学三度迁校示意图

广州沦陷前，国立中山大学师生在代理校长兼工学院院长萧冠英、教务主任兼农学院院长邓植仪及各学院院长的领导下，分批撤离，经过千辛万苦的长途跋涉，于1939年2月在云南澄江会合，并很快复学。

●国立中山大学澄江办学旧照

●从1938年10月至1939年2月，国立中山大学师生员工中辗转到达澄江的有教职员工245人、学生1736人。师生在启发民智、发展交通、传播文化等方面作出了不朽贡献。图为工学院学生在旧城玄天阁留影。

烽火连天的年代，无法安放一张平静的书桌，文化教育落后的粤北坪石镇成为抗战时期的教育中心。

一众岭南先师坚守教育“火种”，为中华文脉传承做出贡献。在中国科学院学部委员和中国科学院院士的名单中，有近二十位曾在粤北坪石教学或学习过。

●图中右上角为迁到粤北坪石的国立中山大学校本部

●战后的国立中山大学工学院学生人数达855人（1946年），比战时的436人（1937年）多了将近一倍，占全校学生人数的近四分之一（同年全校学生共3618人），工学院的发展没有因战争的苦难而止步不前，相反呈现出顽强发展、不断壮大之势。

2019年起，华南理工大学组织教师保护修缮遗址，打造“华南教育历史坪石研学基地”，以铭记历史，激励后生。

●图为2019年11月16日，华南理工大学师生赴韶关乐昌走读坪石办学旧址，并在陈宗南（曾任国立中山大学教务长兼工学院院长）旧居前合影。

经师人师

虞炳烈（1895—1945）

毕业于巴黎美术学院建筑科里昂分校，1930年获“法国国授建筑师学位”，学业出类拔萃，曾获“最优学位奖”等20余个奖项。历任国立中央大学、国立中山大学建筑系教授、主任，1941年创办国际建筑师事务所。抗日战争时期在昆明、坪石、桂林、赣州等地做了大量抗战应急建筑设计。

黄玉瑜（1902—1942）

广东省立勷勤大学建筑工程系教授，毕业于美国麻省理工学院。毕业后参与了包括华盛顿大厦、哈佛大学哈佛医学院万德比特宿舍、费边大厦等重要地标性或公共建筑的设计。抗战期间，为反抗日本帝国主义的入侵，黄玉瑜毅然加入中央雷允飞机制造厂，负责瑞丽厂区的建筑设计工作。在该厂毁于战火后，临危受命率技术人员前往保山勘选新址。1942年，黄玉瑜在云南保山因日机轰炸受伤壮烈殉国。

卫梓松（?—1945）

曾任国立中山大学工学院建筑系系主任。在坪石被侵华日军围困期间，卫梓松来不及突围，坚持不受敌人利诱，最终自杀殉国。

杜定友（1898—1967）

著名图书馆学专家、国立中山大学图书馆主任。原石牌校区图书馆总馆工程由杜定友主持，著名建筑师杨锡宗设计。1934年，国立中山大学图书馆藏书楼藏书量居全国大学之冠，拥有21万册中外图书、90万册杂志，在战乱迁徙中共使用了299个木箱转运。抗战胜利后，杜定友四处奔波，最终只抢救回3万多册。在坪石的最后时光，杜定友依然悉心守护着他的爱书，直到1945年8月18日乘坐最后一班火车离开坪石。

陈宗南（1886—1962）

曾任国立中山大学教务长兼工学院院长，著名教育家、化学家。广州沦陷后，陈宗南率领部分师生转入云南，后又辗转迁回粤北坪石。其时的工学院，除增设众多与抗战有关的课程和培训外，还迅速成立御侮工作救亡团，通电《九国公约》各签字国，捐款慰劳前方将士，收集废旧铜铁、募集公债等，教导学生立志以知识和实际行动支持抗战。

广东省立工业专科学校复办

1944年，广东省国民政府教育厅复办广东省立工业专科学校（简称“工专”），并从当年起招生。随即着手艰难的复办工作，校址先后迁至广东的高要县、云浮县及肇庆市等地，中华人民共和国成立之初迁回广州。

●1945年，工专迁校至云浮市腰古镇“蓉华义学”旧址授课。图为“蓉华义学”石刻门额（后断为两截，现存放于云浮市博物馆），门额长3.13米、宽0.73米，刻成于同治十三年（1874年）。

黄巽（1898—1987）

1944年，高要县被日军占领，“建筑新校舍工程尚未完成，适值日寇南窜，奉令疏散”，“敌陷西江，校舍复烬”。工专尚未开课，校舍就被日机炸毁。彼时校长为原国立中山大学教授黄巽，带领百余名学生颠沛迁徙。

工专办学苦旅途中的校园故址（今云浮市云城区腰古镇水东村）。1990年，该镇区面积0.7平方千米，人口3617人。该镇在第一次国共合作及第一次国内土地革命战争时期，是云浮县总农会、共青团县委、妇女运动委员会等的驻地。

1943—1952年间工专校徽

1943—1952年间工专藏书流通章印模图之一。“图书组”三字，表明规模为图书室级别。

1949年时工专校园建筑外景

博學慎思
明辨篤行

蔚为国用

群星耀

中华人民共和国成立后，国家正处在国民经济建设恢复时期，亟需加快工业化建设和发展，在这样的背景下，发展工业建设的专门院校显得尤为重要。1952年，由中南、华南地区7省18所院校工科方面的学院及有关系科组建成了华南工学院。

院系大调整，为华南工学院汇聚了一大批颇有名气的工科专家和高级知识分子。“路不险无以知马之良，任不重则无以知人之德”。一时间，一批背景迥异的新派知识分子，他们的青春、激情、梦想与命运，都与这座文脉悠远的古老校园息息相关。他们颇具名望，很多都已经站在了学科的前沿、高峰。他们或才华横溢，德高望重；或治学谨严，著述丰富；或经验独到，决策有方。他们的到来，使得华工在初创时就气象万千、兼容并蓄、底蕴深厚、学风淳朴、思想活跃。他们满怀“敢教日月换新天”的豪情，喊出“把青春献给祖国”的响亮口号，向科学进军，向困难进军，向荒原进军，展现出敢于拼搏、敢于奋斗的精神风貌。

1 百川归海

华南工学院的组建，几乎集中了中南、华南地区高校工科之精粹，使得学院初创时便拥有厚重的学术根基，高起点出发，快速成长壮大，欣欣向荣的局面蔚然形成。

高位起步

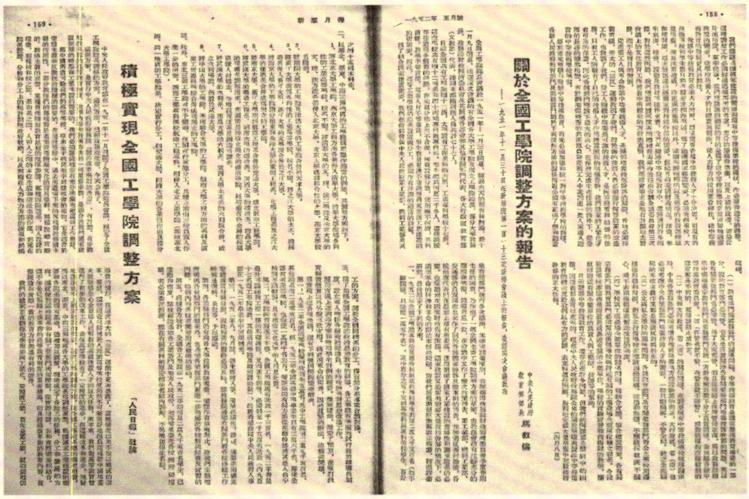

積極實現全國工學院調整方案

關於全國工學院調整方案的報告

●《新华月报》1952年5月号总第31期第158—159页《关于全国工学院调整方案的报告》第二条第8项载：将中山大学的工学院、华南联合大学的理工学院、岭南大学工程方面的系科及广东工业专科学校合并成为独立的工学院。

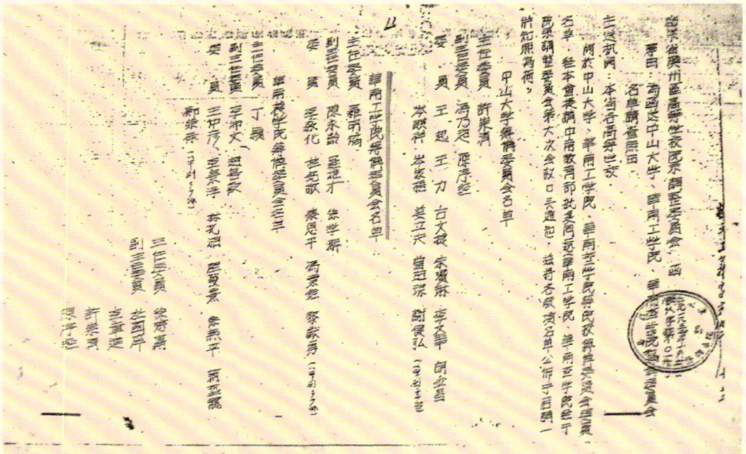

中山大学筹备委员会名单

华南工学院筹备委员会名单

华南农学院筹备委员会名单

●1952年10月7日，广州区高等学校院系调整工作委员会正式发函，通知成立华南工学院筹备委员会。

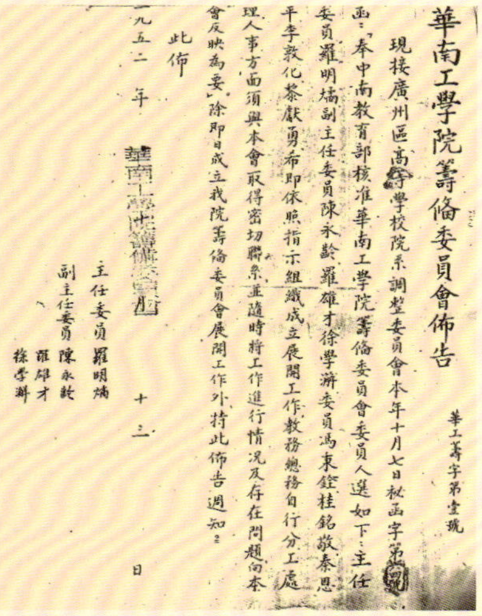

華工籌字第壹號

華南工學院籌備委員會佈告

現接廣州區高等學校院系調整委員會本年十月七日秘函字第號函：「奉中南教育部核准華南工學院籌備委員會委員人選如下：主任委員羅明燏，副主任委員陳永齡、羅雄才、徐學灝，委員馮秉銓、桂銘敬、秦恩平、李敦化、蔡獻勇，希即依照指示組織成立展開工作，教務總務自行分工處理，人事方面須與本會取得密切聯系，並隨時將工作進行情況及存在問題向本會反映為要」，除即日成立我院籌備委員會展開工作外，特此佈告週知。

此佈

一九五二年十月十三日

主任委員 羅明燏

副主任委員 陳永齡 羅雄才 徐學灝

1952年10月13日，华南工学院筹备委员会发出第1号布告〔华工筹字第一号〕，宣告即日起成立华南工学院筹备委员会并开展工作。

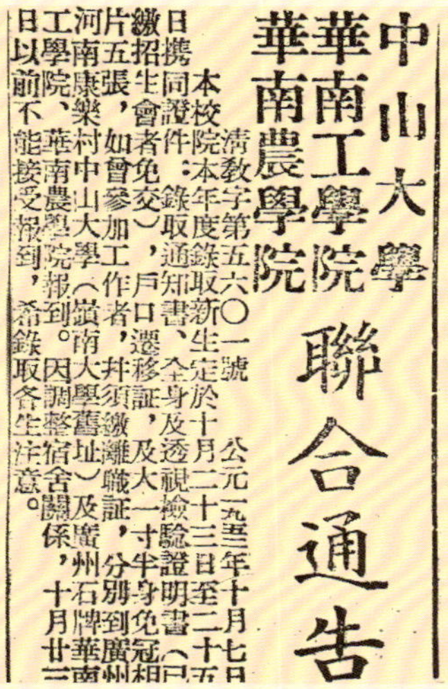

中山大學 華南工學院 華南農學院 聯合通告

1952年10月，华南工学院等校在《南方日报》刊登联合通告，通知首届新生入学事宜。同年11月17日，华南工学院举行开学典礼，翌日正式上课。

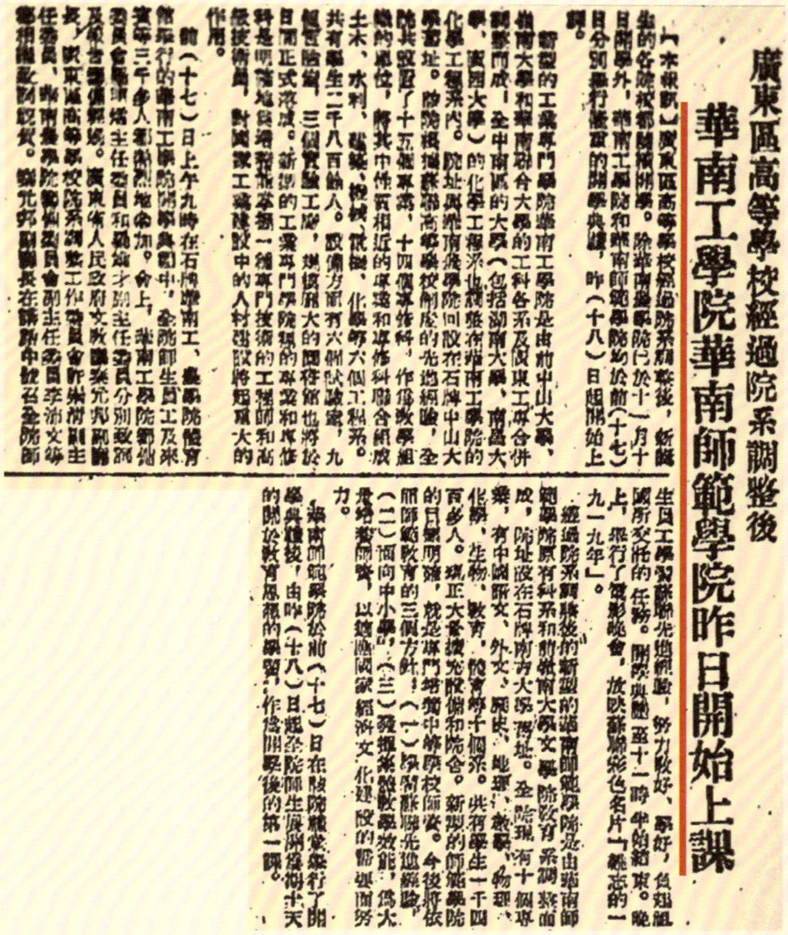

廣東區高等學校經過院系調整後

華南工學院華南師範學院昨日開始上課

1952年11月19日，广州《联合报》报道华南工学院组建初步完成并于此前的17日开学的消息。

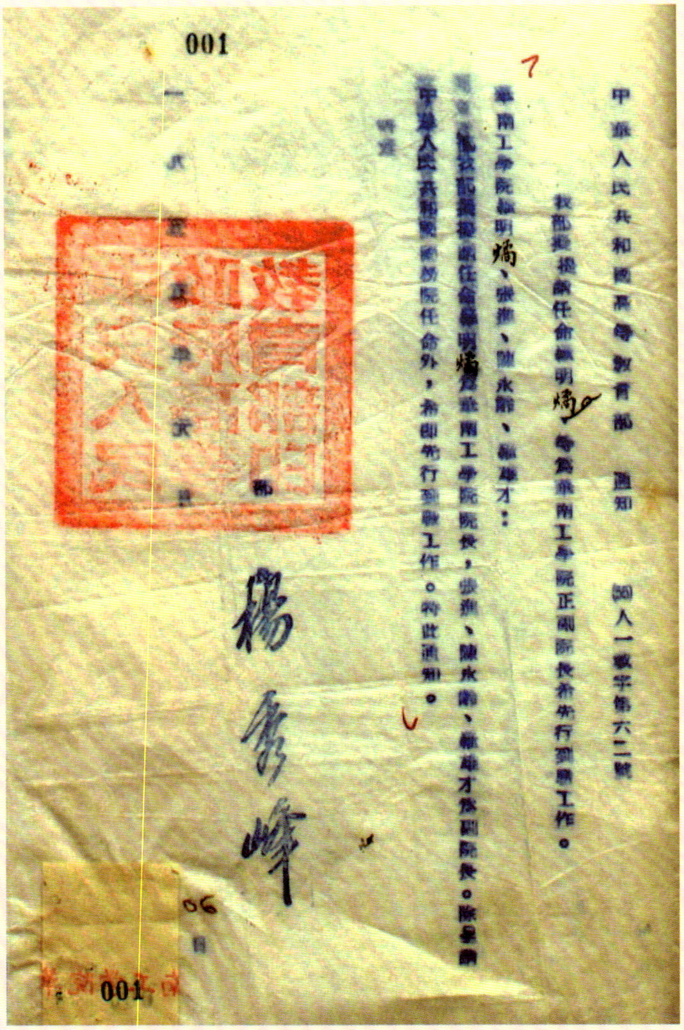
001

中央人民政府高等教育部 通知 (55)人一教字第六二號

我部呈請任命羅明燏等為華南工學院正副院長希先行到職工作。

華南工學院羅明燏、張進、陳永齡、羅雄才：

[illegible]任命羅明燏為華南工學院院長，張進、陳永齡、羅雄才為副院長。除呈請

中央人民政府國務院任命外，希即先行到職工作。特此通知。

部長 楊秀峰

001

●1955年1月，中央人民政府高等教育部发布通知，向中央人民政府国务院提请任命罗明燏为华南工学院院长，张进、陈永龄、罗雄才为副院长。同年4月21日，国务院任命罗明燏为华南工学院院长，张进为副院长。5月31日，国务院又任命陈永龄、罗雄才为副院长。

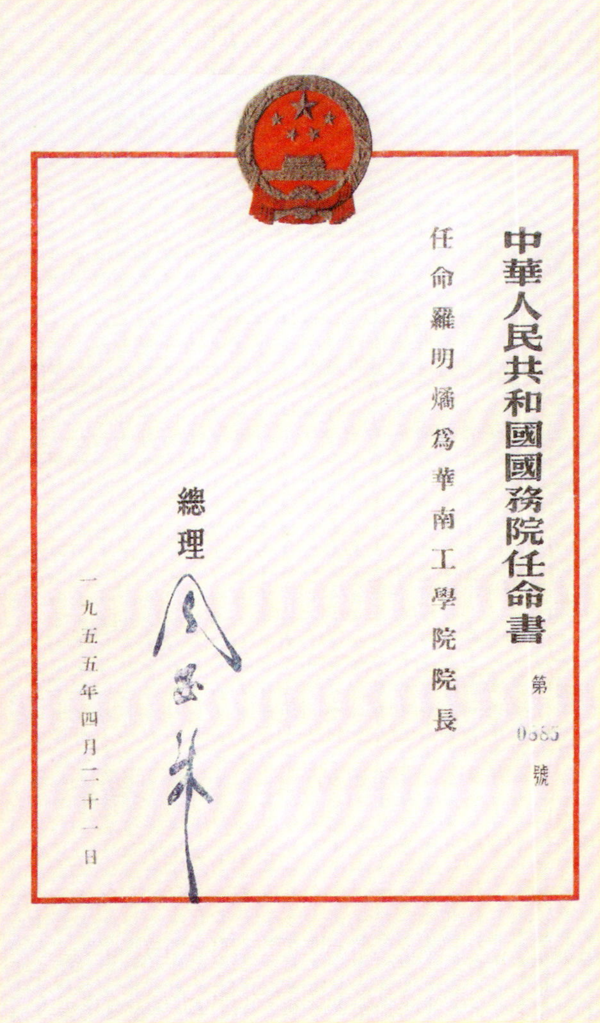

中華人民共和國國務院任命書

第0385號

任命羅明燏爲華南工學院院長

總理 周恩来

一九五五年四月二十一日

●1955年4月，周恩来总理签发国务院任命书，任命罗明燏为华南工学院院长。

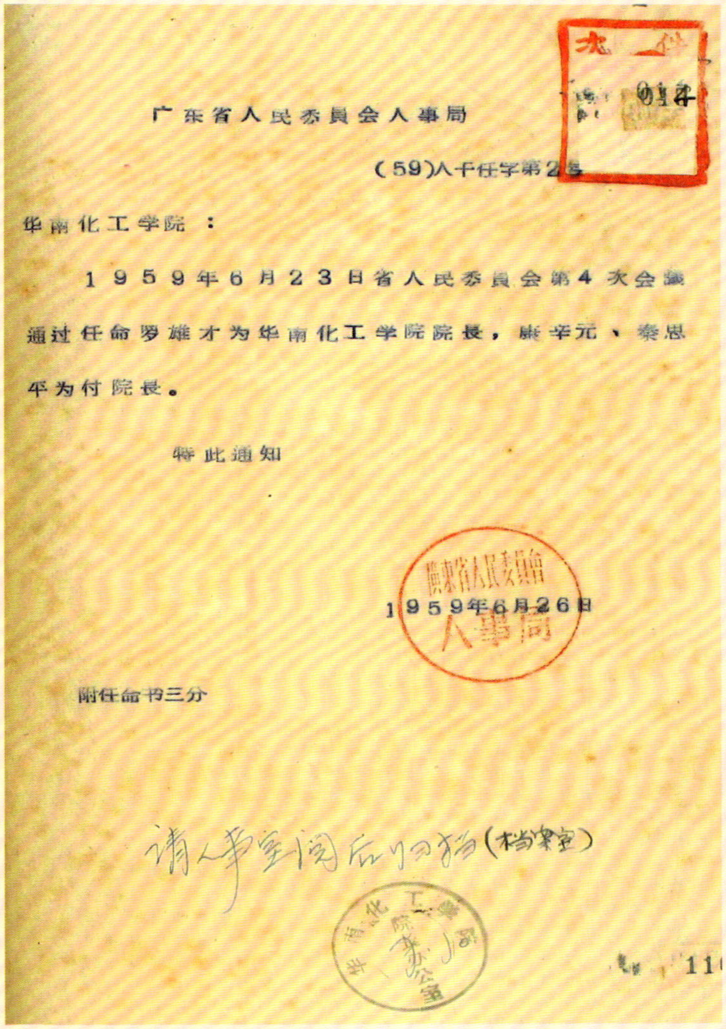

广东省人民委员会人事局

(59)人千任字第2号

华南化工学院：

1959年6月23日省人民委员会第4次会议通过任命罗雄才为华南化工学院院長，康辛元、秦思平为付院長。

特此通知

1959年6月26日

附任命书三分

请人事室阅后归档(档案室)

●1958年7月，广东省委决定以华南工学院的化工、造纸两系为基础，新建华南化工学院。同年9月，华南化工学院成立。新成立的华南化工学院的校址也在石牌校园内。图为1959年6月，广东省人民委员会人事局任命罗雄才为华南化工学院院长，康辛元和秦思平为副院长的通知。

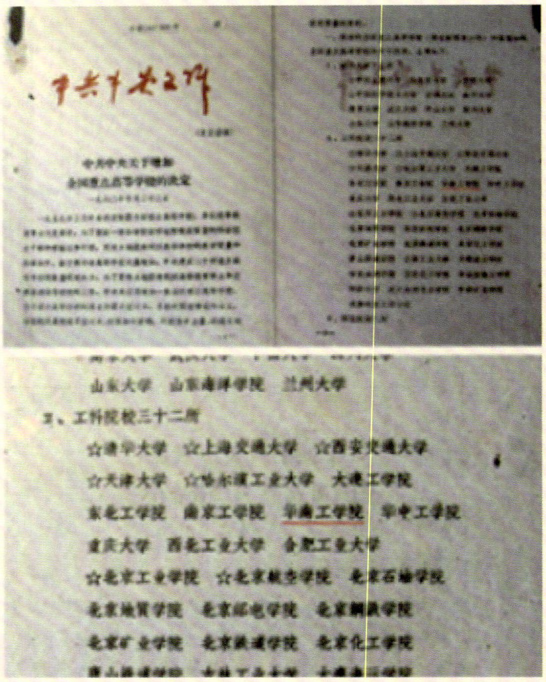

山东大学 山东海洋学院 兰州大学

三、工科院校三十二所

☆清华大学 ☆上海交通大学 ☆西安交通大学

☆天津大学 ☆哈尔滨工业大学 大连工学院

东北工学院 南京工学院 华南工学院 华中工学院

重庆大学 西北工业大学 合肥工业大学

☆北京工业学院 ☆北京航空学院 北京石油学院

北京地质学院 北京邮电学院 北京钢铁学院

北京矿业学院 北京铁道学院 北京化工学院

● 1960年6月7日，华南工学院出席全国文教战线群英会。同年10月22日，中共中央发布《关于增加全国重点高等学校的决定》，重点高等学校从原来的20所增加至64所，华南工学院榜上有名。

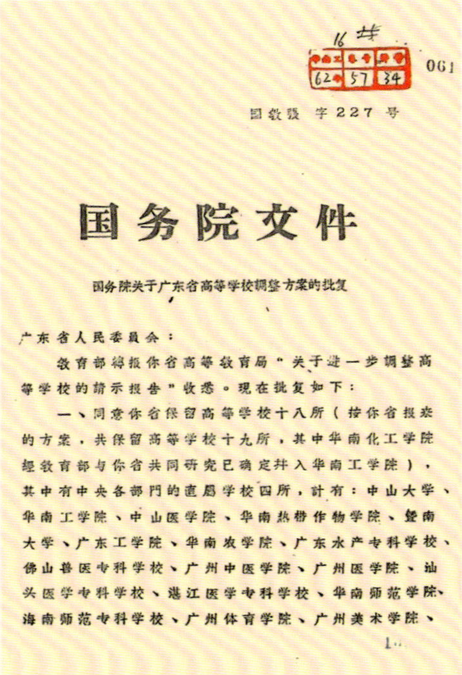

16 件

62 57 34

061

国教发 字227号

国务院文件

国务院关于广东省高等学校调整方案的批复

广东省人民委员会：

教育部转报你省高等教育局"关于进一步调整高等学校的请示报告"收悉。现在批复如下：

一、同意你省保留高等学校十八所（按你省报来的方案，共保留高等学校十九所，其中华南化工学院经教育部与你省共同研究已确定并入华南工学院），其中有中央各部门的直属学校四所，计有：中山大学、华南工学院、中山医学院、华南热带作物学院、暨南大学、广东工学院、华南农学院、广东水产专科学校、佛山兽医专科学校、广州中医学院、广州医学院、汕头医学专科学校、湛江医学专科学校、华南师范学院、海南师范专科学校、广州体育学院、广州美术学院、

1

● 1962年8月13日，国务院下发《国务院关于广东省高等学校调整方案的批复》，根据文件精神，华南化工学院和华南工学院正式合并为华南工学院。

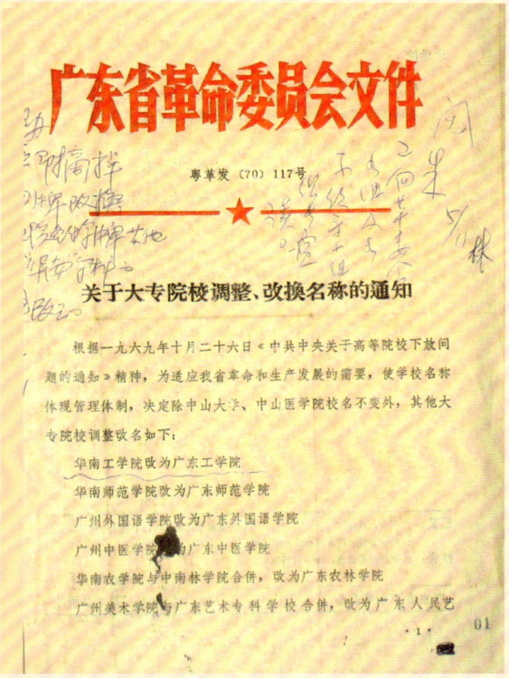

广东省革命委员会文件

粤革发〔70〕117号

关于大专院校调整、改换名称的通知

根据一九六九年十月二十六日《中共中央关于高等院校下放问题的通知》精神，为适应我省革命和生产发展的需要，使学校名称体现管理体制，决定除中山大学、中山医学院校名不变外，其他大专院校调整改名如下：

华南工学院改为广东工学院

华南师范学院改为广东师范学院

广州外国语学院改为广东外国语学院

广州中医学院改为广东中医学院

华南农学院与中南林学院合併，改为广东农林学院

广州美术学院与广东艺术专科学校合併，改为广东人民艺

·1·

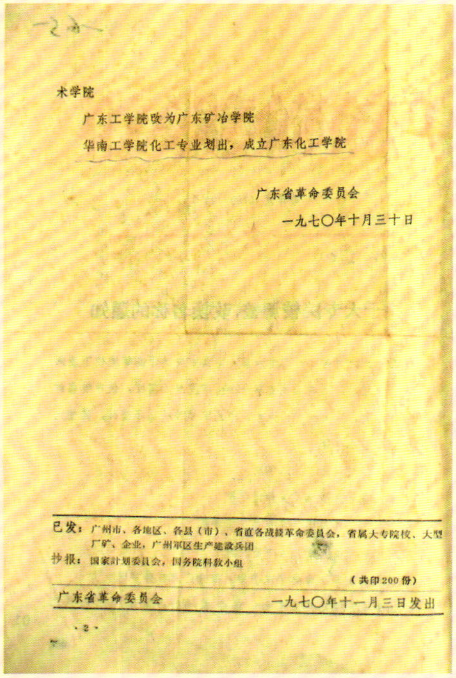

术学院

广东工学院改为广东矿冶学院

华南工学院化工专业划出，成立广东化工学院

广东省革命委员会

一九七〇年十月三十日

已发：广州市、各地区、各县（市），省直各战线革命委员会，省属大专院校、大型厂矿、企业，广州军区生产建设兵团

抄报：国家计划委员会，国务院科教小组

（共印200份）

广东省革命委员会　　一九七〇年十一月三日发出

·2·

●1970年10月，根据广东省革命委员会《关于大专院校调整、改换名称的通知》，华南工学院改名为广东工学院，同时其化工类专业划出，成立广东化工学院，华南工学院再次被分为两校。

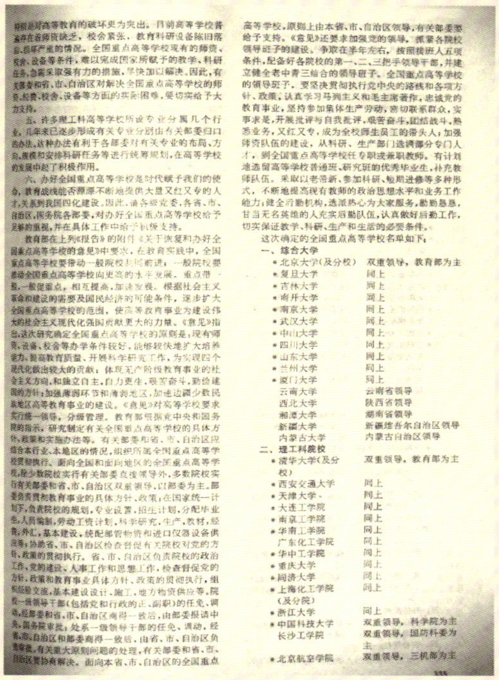

……对高等教育的破坏更为突出。目前高等学校普遍存在着师资缺乏，校舍紧张，教育科研设备陈旧落后，损坏严重的情况。全国重点高等学校现有的师资、校舍、设备等条件，难以完成国家所赋予的教学、科研任务，急需采取强有力的措施，尽快加以解决。因此，有关部委和省、市、自治区对解决全国重点高等学校的师资、经费、校舍、设备等方面的实际困难，要切实给予大力支持。

五、许多理工科高等学校所设专业分属几个行业，几年来已逐步形成有关专业分别由有关部委归口的办法。这种办法有利于各部委对有关专业的布局、方向、规模和安排科研任务等进行统筹规划，在高等学校的发展中起了积极作用。

六、办好全国重点高等学校是时代赋予我们的使命，教育战线能否源源不断地提供大量又红又专的人才，关系到我国四化建设。因此，请各级党委，各省、市、自治区，国务院各部委，对办好全国重点高等学校给予足够的重视，并在具体工作中给予积极支持。

教育部在上列《报告》的附件《关于恢复和办好全国重点高等学校的意见》中要求，在教育实践中，全国重点高等学校要带动一般院校共同前进；一般院校要推动全国重点高等学校向更高的水平发展。重点带一般，一般促重点，相互提高，加速发展。根据社会主义革命和建设的需要及国民经济的可能条件，逐步扩大全国重点高等学校的范围，使高等教育事业为建设伟大的社会主义现代化强国贡献更大的力量。《意见》指出，这次研究确定全国重点高等学校的原则是：现有师资、设备、校舍等办学条件较好，能够较快地扩大培养能力、提高教育质量、开展科学研究工作，为实现四个现代化做出较大的贡献；体现无产阶级教育事业的社会主义方向，和独立自主，自力更生，艰苦奋斗，勤俭建国的方针；加强薄弱环节和薄弱地区，加速边疆少数民族地区高等教育事业的建设。《意见》对高等学校要求实行统一领导，分级管理。教育部根据党中央和国务院的指示，研究制定有关全国重点高等学校的具体方针、政策和实施办法等。有关部委和省、市、自治区应结合本行业、本地区的情况，组织所属全国重点高等学校贯彻执行。面向全国和面向地区的全国重点高等学校，除少数院校实行有关部委直接领导外，多数院校实行有关部委和省、市、自治区双重领导，以部委为主。部委负责贯彻教育事业的具体方针、政策；在国家统一计划下，负责院校的规划，专业设置，招生计划，分配毕业生，人员编制，劳动工资计划，科学研究，生产，教材，经费，外汇，基本建设，统配部管物资和进口仪器设备供应等；协助省、市、自治区检查督促有关院校对党的方针，政策的贯彻执行。省、市、自治区负责院校的政治工作，党的建设，人事工作和思想工作，检查督促党的方针，政策和教育事业具体方针、政策的贯彻执行，组织经验交流，基本建设设计、施工，地方物资供应等。院校一级领导干部（包括党和行政的正、副职）的任免、调动，经部委和省、市、自治区商得一致后，由部委报请中央、国务院审批；处系一级领导干部的任免、调动，经省、市、自治区和部委商得一致后，由省、市、自治区负责审批。有关重大原则问题的处理，有关部委和省、市、自治区要协商解决。面向本省、市、自治区的全国重点高等学校，原则上由本省、市、自治区领导，有关部委要给予支持。《意见》还要求加强党的领导，抓紧各院校领导班子的建设，争取在半年左右，按照接班人五项条件，配备好各院校的第一、二、三把手领导干部，并建立健全老中青三结合的领导班子。全国重点高等学校的领导班子，要坚决贯彻执行党中央的路线和各项方针、政策，认真学习马列主义和毛主席著作，忠诚党的教育事业，坚持参加集体生产劳动，密切联系群众，实事求是，开展批评与自我批评，艰苦奋斗，团结战斗，熟悉业务，又红又专，成为全校师生员工的带头人；加强师资队伍的建设，从科研、生产部门选调部分专门人才，到全国重点高等学校任专职或兼职教师。有计划地选留高等学校普通班、研究班的优秀毕业生，补充教师队伍。采取以老带新、参加科研、短期进修等多种形式，不断地提高现有教师的政治思想水平和业务工作能力；健全后勤机构，选派热心为大家服务，勤勤恳恳，甘当无名英雄的人充实后勤队伍，认真做好后勤工作，切实保证教学、科研、生产和生活的必要条件。

这次确定的全国重点高等学校名单如下：

一、综合大学

*北京大学（及分校）	双重领导，教育部为主
*复旦大学	同上
*吉林大学	同上
*南开大学	同上
*南京大学	同上
*武汉大学	同上
*中山大学	同上
*四川大学	同上
*山东大学	同上
*兰州大学	同上
*厦门大学	同上
云南大学	云南省领导
西北大学	陕西省领导
湘潭大学	湖南省领导
新疆大学	新疆维吾尔自治区领导
内蒙古大学	内蒙古自治区领导

二、理工科院校

*清华大学（及分校）	双重领导，教育部为主
*西安交通大学	同上
*天津大学	同上
*大连工学院	同上
*南京工学院	同上
*华南工学院	同上
广东化工学院	同上
*华中工学院	同上
*重庆大学	同上
*同济大学	同上
*上海化工学院（及分院）	同上
*浙江大学	同上
*中国科技大学	双重领导，科学院为主
长沙工学院	双重领导，国防科委为主
*北京航空学院	双重领导，三机部为主

●1977年10月，广东工学院恢复“华南工学院”的校名。1978年2月，中共中央、国务院同意教育部《关于恢复和办好全国重点高等学校的报告》。在报告中，华南工学院与广东化工学院分别被列为全国重点高等学校。

1978年5月30日，教育部向广东省革委会发出文件：“根据国务院领导同志批示，同意广东化工学院与华南工学院合并为华南工学院。”图为同年7月22日，广东化工学院与华南工学院合并为华南工学院的庆祝大会在学校湖滨路广场举行。

1988年1月，经国家教育委员会批准，华南工学院更名为华南理工大学。图为工作人员进行改牌工作。

五山校区·体育馆

2 三百勇士

华南工学院办学期间，汇聚了300余名工科专家和高级知识分子，包括毕业于6个主要工业国家、20多所世界名校的40多名教授。

一级教授（工程师）（4人）

罗明燏（1905—1987）

广东番禺人，一级教授，建筑、造船和飞机设计专家。1926年毕业于唐山交通大学，1932—1934年在美国麻省理工学院航空、土木两专业获得硕士学位。1952年调入华南工学院任筹委会主任委员，1955年任院长，并连续担任多届院长，直到1968年。

陈永龄（1910—2004）

北京人，一级教授，大地测量学的开拓者和奠基人之一，中国科学院、中国工程院两院院士。1931年毕业于清华大学，1934年到英国伦敦大学读研究生，1939年获德国柏林理工大学博士学位。1952年调入华南工学院任筹委会副主任委员，1955年任副院长。

冯秉铨（1910—1980）

河北安新人，一级教授，著名教育家、电子学家，新中国无线电电子科学的奠基者之一。1930年本科毕业于清华大学物理系，1934年获燕京大学硕士学位，1943年获美国哈佛大学博士学位。1952年调入华南工学院任筹委会委员，1955年任教务长，1962年任副院长。

李文尧（1911—1992）

广东台山人，一级工程师，力学专家。在德国柏林工业大学机械系获得硕士学位。1941年获美国加州理工学院博士学位。1950年到北京从事军工生产与技术管理工作，后在山东工学院任教。1980年调入华南工学院任教。

二级教授（14人）

罗雄才（1903—1993）

广东兴宁人。1929年毕业于日本东京帝国大学理学部化学科。1952年调入华南工学院任筹委会副主任委员，1955年任副院长，1959年任华南化工学院院长。长期从事有机化学、物理化学、高分子化学的教学和研究。

康辛元（1901—1972）

湖南衡山人。1923年本科毕业于美国伊利诺伊大学，1925年获美国纽约锡类大学硕士学位。1952年调入华南工学院，1958年任副院长。长期从事造纸和人造纤维工业的教学和研究。

李敦化（1893—1985）

广东兴宁人。1920年毕业于日本东京帝国大学工学部。1952年调入华南工学院任筹委会委员。长期从事工业化学的教学和研究。

余仲奎（1906—1998）

广东台山人。1929年、1930年分别获美国麻省理工学院学士学位和硕士学位。1952年调入华南工学院。长期从事流体力学和材料的教学和研究。

朱惠照（1903—1971）

广东台山人。1930年毕业于美国伊利诺伊大学。1952年调入华南工学院。长期从事蒸汽机和汽轮机的研究。

方棣棠（1899—1968）

广东潮阳人。毕业于法国巴黎工科大学土木工程专业。1952年调入华南工学院。长期从事力学、土木工程的教学和研究。

王宗和（1907—2003）

福建漳州人。1928年本科毕业于燕京大学化学系，1932年获美国缅因州立大学硕士学位。1952年调入华南工学院。长期从事化学化工和制浆造纸的教学和研究。

徐学瀣（1901—1998）

广东澄海人。1929年本科毕业于日本东京工业大学机械设计专业，1932年硕士毕业于美国密歇根大学。1952年调入华南工学院任筹委会副主任委员。主要从事机械设计的教学和研究。

陈伯齐（1903—1973）

广东台山人。1930年赴日本东京工业大学攻读建筑专业，后转到德国工科大学建筑系，1939年毕业后留校任教。1952年调入华南工学院。长期从事建筑设计与城乡规划的教学和研究。

张光（1901—1995）

湖南长沙人。1917年在清华学堂读书，后被保送到美国伊利诺伊大学陶瓷专业学习，获学士学位。1927年获美国麻省理工学院硕士学位。1952年调入华南工学院。长期从事硅酸盐和陶瓷的教学和研究。

林为干（1919—2015）

广东台山人，中国科学院院士。1939年毕业于清华大学，1950年获美国加州（伯克利）大学博士学位。1952年调入华南工学院。长期从事电磁场的教学和研究。

周履（1917—2005）

浙江湖州人。1938年本科毕业于上海交通大学，后获美国康奈尔大学博士学位。1952年调入华南工学院。主要从事固体力学、塑性力学、复合材料力学的教学和研究。

张力田（1913—2009）

山东德平人。1937年毕业于北京大学，1949年、1951年先后获美国路易斯安那州大学硕士学位和博士学位。1964年调入华南工学院。长期从事碳水化合物化学、新工艺技术的教学和研究。

卢文（1912—1999）

广东东莞人。1933年获国立中山大学学士学位，1934年至1937年先后在法国巴黎大学研究学院和法国里昂大学攻读硕士学位。1952年调入华南工学院。主要从事泛函分析、数理方程的教学和研究。

三级教授（24人）

姓名	籍贯	求学经历	专业	调入学校时间
邓锡俊	广东南海	哈尔滨中俄工业大学、德国慕尼黑工业大学	机械	1952
龙庆忠	江西永新	日本东京工业大学	建筑	1952
符罗飞	海南文昌	上海美术专科学校、大利奈波利皇家艺术研究院	绘画	1952
夏昌世	广东新会	德国卡鲁斯鲁耶工科大学、德国卡普尔大学	建筑	1952
谭天宋	广东台山	美国纽约美术设计院、美国北卡罗来纳州立工农学院、美国哈佛大学	建筑设计	1952
陆能源	广东三水	唐山交通大学	土木结构	1952
梁绰余	广东南海	唐山交通大学、美国康奈尔大学	土木工程	1952
黄　适	广东台山	美国俄亥俄州立大学	建筑工程	1952
邝正文	广东台山	菲律宾圣托马斯大学	土木工程	1952
陈锦松	广东新会	唐山交通大学、美国康奈尔大学	土木工程	1952
朱士宾	广东广州	上海交通大学	土木工程	1952
余蔚英	广东台山	日本东京农业大学	发酵工程	1952

姓名	籍贯	求学经历	专业	调入学校时间
邓颂九	湖南长沙	浙江大学、美国密歇根大学	化工	1952
誉文德	广西贵县	清华大学、美国伊利诺伊大学	化学	1952
王孟钟	广东番禺	北京大学、美国普渡大学	有机化学	1952
刘 鸿	广东潮安	广东高等师范学堂、美国密歇根大学、美国哥伦比亚大学	化工	1952
黄星史	广东惠阳	国立中山大学	化学	1952
邓韵秋	广东中山	国立中山大学、法国里昂大学	数学	1952
郑 荫	广东中山	国立中山大学	物理	1952
赵善性	广东新会	广东青年会	体育	1952
罗崧发	广东南海	唐山交通大学、美国普渡大学	土木工程	1952
陈树功	广东大埔	国立中山大学	化学	1960
杨家智	广西玉林	国立中山大学、德国佛朗府大学	水泥	1952
陈达明	广东中山	清华大学	数学	1952

3 进军科学

1956年，党中央发出了“向科学进军”的号召。华南工学院的教师积极开展科学研究，为社会主义建设贡献了一批科研成果，有的达到国内、国际先进水平，有的填补了国内该领域的空白。

蓄势起航

百家爭鳴

華南工学院举行第一次科学报告会

在报告会上报告的有科学論文、專題报告等共122篇

本报訊 華南工学院第一次科学报告会本月7日举行了开幕式。参加开幕式的有該院全体教师以及廣州市各有关的生產單位和高等学校的代表。該院副院長陈永齡致了开会辞。中共廣东省委員会文教部部長楊康華到会講了話，着重闡明了党对学術工作的“百家爭鳴”的方針，鼓励教师們努力开展科学研究工作，为提高教育質量以及使祖國在12年內赶上世界先進科学水平而奋斗。該院教务長馮秉銓也在会上报告了他在科学研究工作中的体会。

参加开幕式的还有高等教育部工業教育司司長唐守愚和該司苏联專家阿尔希波夫。

参加这次科学报告会的教师將在本月份內报告科学論文、專題报告、教学法研究等总共122篇。参加报告的教师一共有148人（有些研究是兩个人以上合作進行的），其中教授和副教授55人，講师和助教等93人。

在这次报告会中报告的，有对基礎科学理論作比較深入探討的題目。例如数学教学研究室主任盧文教授的科学論文“希勒柏特空間的自軛运算子E空間”，就涉及世界数学上最近發展的一个部門的理論。土木工程学[illegible]履教授的專題报告“塑性理論的極限原理及其应用”，結合他教塑性力学課程的心得，介紹了苏联在建筑力学上的最新成就；这个題目引起了廣州建筑工程界的普遍注意。結合教学進行研究的題目还有机械系余仲奎教授的“金相标本膠質代替膜的研究”、电訊系徐秉錚副教授的“耦合振盪廻路負載强力放大器的頻率特性”等，这些报告都对提高教学質量有良好的作用。此外，土木系測量教研組的“廣州市一等三角網設置方案”，这个研究大大有利于各項基本建設工作；化学工程系李敦化教授的“廢鈒触媒复活利用方法的研究”，对解决硫酸制造上的鈒触媒來源問題，將起一定作用；化学工程系余蔚英教授等的“糖蜜酒精的連續發酵試驗”的研究报告，应用了苏联快速的連續發酵的理論。有的題目是对祖國的科学文化遺產進行研究的，例如建筑系龍慶忠教授的“廣东南海波罗庙調查”，是一篇考察我國南方典型古建筑的調查报告。馬克思列寧主义教研室这次的报告有黃朝中副教授的“中國共產党关于農業合作化的方針”和馮海燕講师的“批判資產階級唯心主义教育思想”等。关于教学法的报告，有建筑系周平潤助教的“关于美術課教学方法的体会”等。（孙偉民）

● 1956年6月7日，华南工学院举行第一次科学报告会，收录科学论文、专题报告、教学法研究等共122篇。图为《南方日报》对该报告会的相关报道。

·2· 光明日報 1957年1月23日 星期三

从理工分家谈起

华南工学院教务長 冯秉銓

分家四年看不出好处，却看到了损失

当初缺乏调查研究，使建然作了决定

建議在部分工科大学建立一些理科專業作为試点

●冯秉铨在报纸上发表了有关教育改革的文章。图为1957年1月23日在《光明日报》刊登的《从理工分家谈起》，提出理工不应分家的科学观点。

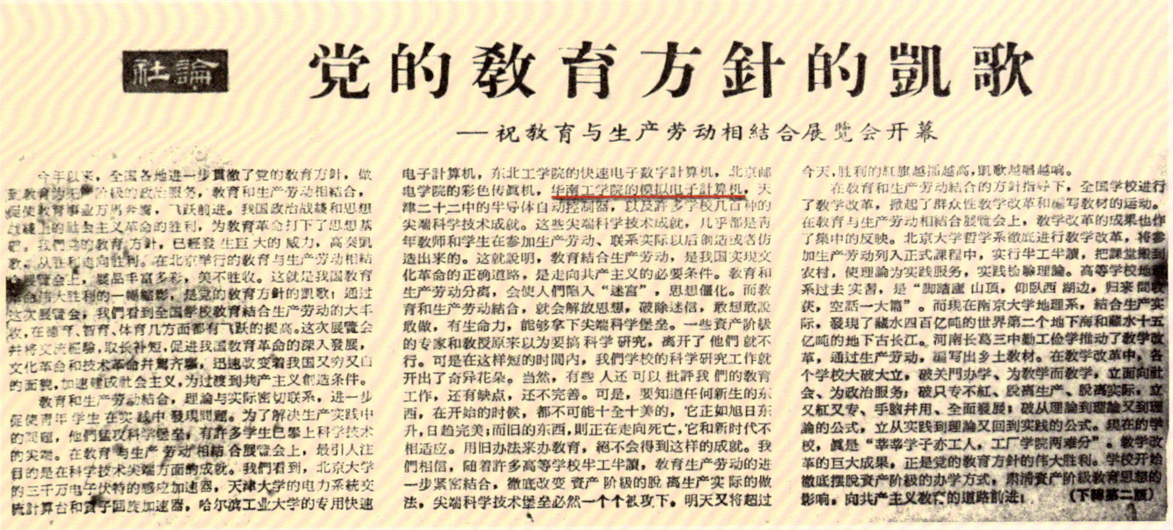

社論

党的教育方針的凱歌

——祝教育与生产劳动相結合展览会开幕

今年以来，全国各地进一步貫徹了党的教育方針，做到教育为无产阶级的政治服务，教育和生产劳动相結合，促使教育事业万馬奔騰，飞跃前进。我国政治战綫和思想战綫上的社会主义革命的胜利，为教育革命打下了思想基礎，我們党的教育方針，已經發生巨大的威力，高奏凱歌，从胜利走向胜利。在北京举行的教育与生产劳动相結合展覽会上，展品丰富多彩，美不胜收。这就是我国教育革命伟大胜利的一幅縮影，是党的教育方針的凱歌！通过这次展覽会，我們看到全国学校教育結合生产劳动的大丰收，在德育、智育、体育几方面都有飞跃的提高。这次展覽会并将交流經驗，取长补短，促进我国教育革命的深入發展，文化革命和技术革命并駕齐驅，迅速改变着我国又穷又白的面貌，加速建成社会主义，为过渡到共产主义創造条件。

教育和生产劳动結合，理論与实际密切联系，进一步促使青年学生在实践中發現問題。为了解决生产实践中的問題，他們猛攻科学堡垒，有許多学生已攀上科学技术的尖端。在教育与生产劳动相結合展覽会上，最引人注目的是在科学技术尖端方面的成就。我們看到，北京大学的三千万电子伏特的感应加速器，天津大学的电力系統交流計算台和質子回旋加速器，哈尔濱工业大学的专用快速电子計算机，东北工学院的快速电子数字計算机，北京邮电学院的彩色传眞机，华南工学院的模拟电子計算机，天津二十二中的半导体自动控制器，以及許多学校几百种的尖端科学技术成就。这些尖端科学技术成就，几乎都是青年教师和学生在参加生产劳动、联系实际以后創造或者仿造出来的。这就說明，教育結合生产劳动，是我国实現文化革命的正确道路，是走向共产主义的必要条件。教育和生产劳动分离，会使人們陷入"迷宫"，思想僵化。而教育和生产劳动結合，就会解放思想，破除迷信，敢想敢說敢做，有生命力，能够拿下尖端科学堡垒。一些資产阶級的专家和教授原来以为要搞科学研究，离开了他們就不行。可是在这样短的时間內，我們学校的科学研究工作就开出了奇异花朵。当然，有些人还可以批評我們的教育工作，还有缺点，还不完善。可是，要知道任何新生的东西，在开始的时候，都不可能十全十美的，它正如旭日东升，日趋完美；而旧的东西，则正在走向死亡，它和新时代不相适应。用旧办法来办教育，絕不会得到这样的成就。我們相信，随着許多高等学校半工半讀，教育生产劳动的进一步紧密結合，徹底改变資产阶級的脫离生产实际的做法，尖端科学技术堡垒必然一个个被攻下。明天又将超过今天，胜利的紅旗越揺越高，凱歌越唱越响。

在教育和生产劳动結合的方針指导下，全国学校进行了教学改革，掀起了群众性教学改革和編写教材的运动。在教育与生产劳动相結合展覽会上，教学改革的成果也作了集中的反映。北京大学哲学系徹底进行教学改革，将参加生产劳动列入正式課程中，实行半工半讀，把課堂搬到农村，使理論为实践服务，实践检驗理論。高等学校地理系过去实習，是"脚踏廬山顶，仰卧西湖边，归来問收获，空話一大篇"。而現在南京大学地理系，結合生产实际，發現了藏水四百亿吨的世界第二个地下海和藏水十五亿吨的地下古长江。河南长葛三中勤工俭学推动了教学改革，通过生产劳动，編写出乡土教材。在教学改革中，各个学校大破大立，破关門办学、为教学而教学，立面向社会、为政治服务；破只专不紅、脫离生产、脫离实际，立又紅又专、手腦并用、全面發展；破从理論到理論又到理論的公式，立从实践到理論又回到实践的公式。現在的学校，眞是"莘莘学子亦工人，工厂学院两难分"。教学改革的巨大成果，正是党的教育方針的伟大胜利。学校开始徹底摆脫資产阶級的办学方式，肃清資产阶級教育思想的影响，向共产主义教育的道路前进！ （下轉第二版）

●1958年10月，华南工学院参加在北京召开的全国教育与劳动生产相结合展览会。图为1958年11月1日《人民日报》专为展览会发表的社论，文章中写道："华南工学院的模拟电子计算机"是"尖端的科学技术成就"。

尖端的科学技术成就

1958年9月，华南工学院成功试制华南第一台模拟电子计算机。

1959年9月，华南工学院研制成功华南第一台程序控制铣床。

1959年9月，华南工学院研制成功我国第一台俄汉自动翻译电子计算机。

科学的春天

1978年3月18日至31日，全国科学大会在北京召开，“科学的春天”润泽了神州大地。

优秀科技成果（15项）

项目名称	所属系别
亚热带建筑遮阳与隔热	建筑工程系亚热带建筑研究组
高层建筑剪力墙设计计算理论及工程应用 ——高层建筑剪力墙计算	建筑工程系
6320中速船用柴油机	造船系
脉宽调制式调幅广播发射机的理论与设计研究	无线电工程系无线电技术研究室
振荡理论与技术	无线电工程系无线电技术研究室
甘蔗渗出法制糖新技术	轻化系
合成氨预还原催化剂	重化系
水泥立窑中心风管研究	重化系
ECL超高速集成电路	无线电器件系半导体器件专业
500瓦中波介质导航线	无线电工程系
射频削波语言加工器的理论与设计的研究	无线电工程系无线电技术研究室
双侧高分辨力旁视声纳	无线电工程系
相关理论和技术的研究	无线电工程系
604潜用回音测向站	无线电工程系
全玻璃无油超高真空排气系统的研究	无线电器件系电真空专业

●在全国科学大会上，学校冯秉铨教授和杨家智教授被授予“先进科技工作者”荣誉称号，无线电工程系被评为先进集体，同时还有15项科技成果获奖。图为部分获奖证书。

博學慎思明辨篤行

第三章

勇立潮头 我为先

“改革、开放、搞活”的方针给社会主义建设带来了蓬勃生机。国家针对经济特区制定的特殊政策和灵活措施在广东施行，使企业如雨后春笋般涌现出来，广东的商品经济迅速发展。经济体制的改革以及市场经济的发展起步，使社会产业结构发生了巨大变化，传统产业及新兴的产业均对人才和多领域技术知识支撑产生了巨大需求。

革故鼎新，建设四化，华工人勇作改革闯将，开风气之先，为改革开放和社会主义现代化建设贡献了青春。1993年，学校突破体制机制障碍，先行先试，在全国高校开部省共建之先河。惟改革者进，惟创新者强。从改革开放之初的“星期六工程师”到后来的科技特派员，从产学研战略联盟到“五院一园一室”协同创新体系，学校坚持触角前伸、重心下移，推动科技创新有效对接国家重大战略尤其是广东发展需求。在产教研深度融合上，华南理工一直走在全国前列，学校也被誉为“企业家的摇篮”“工程师的摇篮”“拔尖创新人才培养基地”。

华工人将报国情怀投身到时代发展的洪流当中，挑起民族工业的大梁，奋力研发尖端技术。一位位制造领域敢为人先的创业先锋，一个个国际舞台上响当当的民族品牌，在“中国制造”走向独立自强的道路上树立了一座座丰碑，用丰硕的成果有力支撑和引领着区域经济社会的快速发展。

1 开创先河

1993年，教育部与广东省敢闯敢干，推动办学体制改革，在全国高校首开部省共建之先河。1996年，李岚清副总理来学校视察时说：“‘共建’二字的发明权在你们这里，发源地在这里。”

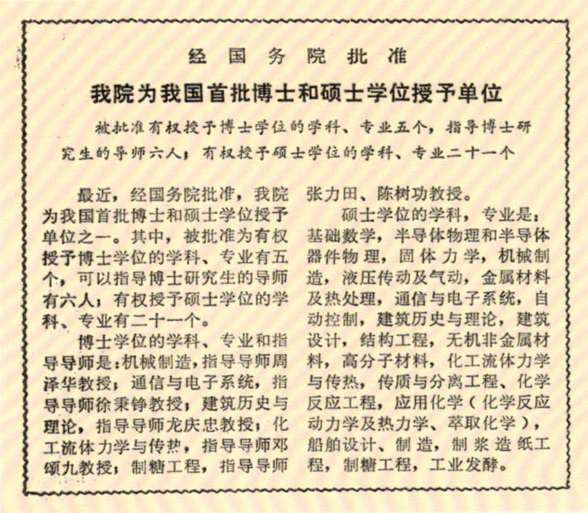

经 国 务 院 批 准

我院为我国首批博士和硕士学位授予单位

被批准有权授予博士学位的学科、专业五个，指导博士研究生的导师六人；有权授予硕士学位的学科、专业二十一个

最近，经国务院批准，我院为我国首批博士和硕士学位授予单位之一。其中，被批准为有权授予博士学位的学科、专业有五个，可以指导博士研究生的导师有六人；有权授予硕士学位的学科、专业有二十一个。

博士学位的学科、专业和指导导师是：机械制造，指导导师周泽华教授；通信与电子系统，指导导师徐秉铮教授；建筑历史与理论，指导导师龙庆忠教授；化工流体力学与传热，指导导师邓颂九教授；制糖工程，指导导师张力田、陈树功教授。

硕士学位的学科，专业是：基础数学，半导体物理和半导体器件物理，固体力学，机械制造，液压传动及气动，金属材料及热处理，通信与电子系统，自动控制，建筑历史与理论，建筑设计，结构工程，无机非金属材料，高分子材料，化工流体力学与传热，传质与分离工程、化学反应工程，应用化学（化学反应动力学及热力学、萃取化学），船舶设计、制造，制浆造纸工程，制糖工程，工业发酵。

●1981年，华南工学院被批准为我国首批博士和硕士学位授予单位。同时，周泽华、徐秉铮、龙庆忠、邓颂九、张力田、陈树功六人入选新中国第一批博士生导师名单，代表了当时中国学术界的最高水准。

●我国第一位信息博士石贵青（前排左三）于1985年10月31日毕业。图为其答辩后合影。

●这个摆放在美的博物馆里的雕塑，记录了“星期六工程师”在晚上和周末踩着单车搞开发的故事。华南理工大学1991届热能工程专业博士马军加入美的，成为顺德乡镇企业中的首位博士。

·2· 光明日报 1995，12，16

共建：华南理工大更上一层楼

本报记者 宋晓梦

被称为广东省工业摇篮的华南理工大学，四年前由国家教委与广东省政府共建，开创了我国高校管理体制改革的先例。这一探索怎么样——

“共建”由来

1992年，国家教委负责人到广东与各界人士共同探讨新时期办学大计。有人提出：地方政府在教育拨款中也应给国家重点大学以支持。地方干部提出：地方财政就应负担地方院校，为何还要我们负担“中央”的大学？华南理工大学则担心管理体制的改变使学校“降格”。经过反复商讨，一个由中央和地方共同出资、共同管理的“共建”方案诞生了。

“共建”第一年，国家教委给华南理工大学的4000万经费不变，而广东省政府亦拿出相当于教委拨款50%以上的经费投入。“共建”第二年，国家教委给该校的拨款为6000万，而学校总共获得经费2个亿，其中国家教委拨款占29%。这支教学科研大军，在继续承担国家重点科研项目的前提下，也成了广东科研和经济发展的主力军。该校培养的本科生、研究生70%以上留在广东参加经济建设；成人教育和继续教育的学生则全部留在广东。目前，珠江三角洲的企业，七成以上的厂长、经理、总工等技术骨干都是华工毕业生。该校还承担了广东省自然科学基金项目的37%，一系列重大应用研究成果直接为广东创造的经济效益近15亿元。广东省省长朱森林在一次会上感慨地说：我们对学校的支持，比起学校对广东的贡献是微不足道的。

两则故事

条块分割下，一个不大的地区，会有医学院几个、工学院几个。低层次的重复带来的是办学效益和质量的低下。“共建”对于消除这种教育结构的不合理，疗效如何？在回答这个问题时，华工人几乎都会告诉你这样两则故事。

故事之一：广东省交通厅原准备拿出5个亿办所交通学院。华南理工大学提出：给我一个亿，就能办一所高水平的交通学院。双方算了一笔帐：创建新校，从征地、建校舍到培养出第一届毕业生至少要七八年，如果双方合作办学，华南理工大学可以从完成基础课的二年级学生开始进行专业培养，两年就可以出第一届毕业生。新建的地方院校顶多是三类学校，而华南理工大学，有一流的师资，一流的生源、丰富的教学经验和优良校风。如果再加上一个亿的资金改善教学条件和设备，便是如虎添翼。有些人担心：人家是中央的大学，把那么多钱投进去，我们还是没有自己的学校。但有了国家教委和广东省共建的背景，上述问题迎刃而解。今年7月，双方合办的华南理工大学交通学院首次招生，所有新生都是以高出当地重点大学录取线二三十分的成绩录取的。如今，一幢集教学、科研、办公于一体的交通大楼已经奠基，董事会已通过2010年将学院建成国内一流交通学院的远景规划。

故事之二：改革之前，华南理工大学电力系每年从学校获得的经费有两项：一是两千元的出差费，二是仅够维修的两万元的设备费。“共建”之后，电力系与广东电力局合办华南理工大学电力学院。电力局为学院改善办学条件一次性投资1200万元。除此之外，每年还拨款100万元作为学院的日常经费。“共建”也为电力局解决了一个难题：他们原有一所五六百人的电力专科学校，每年由电力局拨款30万。但是按照国家提高办学效益的要求，专科学校至少要达到2000人。电专如不扩大规模，便属于微型学校必须下马；如扩大规模，省电力系统每年又消化不了那么多专科毕业生。现在，这所专科学校成了华南理工大学电力学院的大专部，招生多少完全可以根据需要。更重要的是，从此，省电力局不仅可以得到专科毕业生，而且可以得到从本科到研究生各层次的人才。

方方面面谈“共建”

对于新时期高校体制改革的重要形式“共建”以及合作办学，其成功的关键何在？

国家教委专职委员周远清，曾为教委与广东省共建华南理工大学15次南下广州。他对记者说，共建需要两个前提：一是经济发展到一定阶段，地方有能力支持学校；二是领导者的战略眼光。地方应把支持重点高校纳入自己的经济发展战略，高校也应在参与地方建设中发展自己。

华南理工大学校长刘焕彬说，地方政府和企业为教育投资的目的，就是希望得到人才和发展经济。我们在这方面的服务上去了，让人家看到投资的效益，才会对“共建”感兴趣。因此，从学校来讲，不能光伸手要钱，更重要的是主动为地方做贡献。

广东省交通厅负责人牛和恩认为，对于企业一方，最重要的是保证合同的兑现，特别是资金的到位。另外，企业可以提出对人才的要求，但在教学规律方面，要尊重学校的意见。当初，我们曾按交通部门的分工，希望交通学院设置13个专业。但老师们认为：专业设置不宜过细，口径宽、基础厚、适应能力才强。最后确定了6个专业。我们接受了学校的意见，双方合作得非常愉快。

1993年2月，国家教育委员会发文，由国家教育委员会和广东省政府共建中山大学和华南理工大学，在全国开创部省共建先河。图为1995年12月16日，《光明日报》在第二版显著位置刊登题为《共建：华南理工大更上一层楼》的文章。

●1993年起，华南理工大学改革办学体制，在全国率先实行多种形式的联合办学。图为1994年12月，学校与广东省电力工业局合办的电力学院举行成立大会。

●1999年，学校通过教育部本科教学工作优秀评价，成为全国第一批“本科教学工作优秀学校”。图为1999年评价工作现场。

●2007年9月28日，华南理工大学工业技术研究总院揭牌，并举行校企合作项目签字仪式。2008年11月，工业技术研究总院入选首批“国家技术转移示范机构”名单。

●2008年6月，广东省、教育部、科技部启动“企业科技特派员行动计划”。截至2022年，学校共选派出1600余名科技特派员和上万名特派员助理，成为全国派出科技特派员人数最多的高校。图为2008年11月5日，学校首批省部企业科技特派员派出仪式现场。

2 立德树人

学校坚守立德树人初心使命，为党育人、为国育才的“大先生”不断涌现，“三创型”人才培养的“华工模式”广受好评，从“华工三剑客”到创业新生代，华工人持续不断投身改革创新浪潮。

鸿儒硕学

院士风采（部分）

中国科学院院士
曹　镛

中国科学院院士
吴硕贤

中国科学院院士
高　松

中国科学院院士
马於光

中国工程院院士
何镜堂

中国工程院院士
陈克复

中国工程院院士
李立浧

中国工程院院士
瞿金平

中国工程院院士
王迎军

中国工程院院士
张立群

美国工程院院士
程正迪

澳大利亚技术科学与工程院院士
程　亮

欧洲科学院外籍院士
陈俊龙

新西兰工程院院士
陈小奇

俄罗斯工程院外籍院士
刘焕彬

中国科学院院士
姜中宏

中国科学院院士
唐本忠

中国科学院院士
赖远明

国家级教学名师

秦秀白

詹怀宇

韦　岗

黄　平

孙一民

朱长江

徐向民

领军人才（部分）（按姓氏拼音排序）

边黎明

车文荃

陈军武

陈耀峰

郭宝春

黄　飞

江焕峰

李映伟

李远清

李志远

陆继东

马东阁

牛保庄

钱　宇

秦安军

石振清

苏仕健

童　真

王　均

王　平

王　强

王永华

韦江雄

吴　波

吴宏滨

吴建营

吴水珠

姚小虎

张广照

张立志

张美佳

张勤远

张卫国

张宪民

章秀银

赵谋明

周时凤

周文慧

朱　敏

五山校区 · 12号楼

●2017年12月，教育部公布首批201个“全国高校黄大年式教师团队”，中国科学院院士曹镛教授负责的华南理工大学有机高分子光电材料与器件教师团队光荣入选。

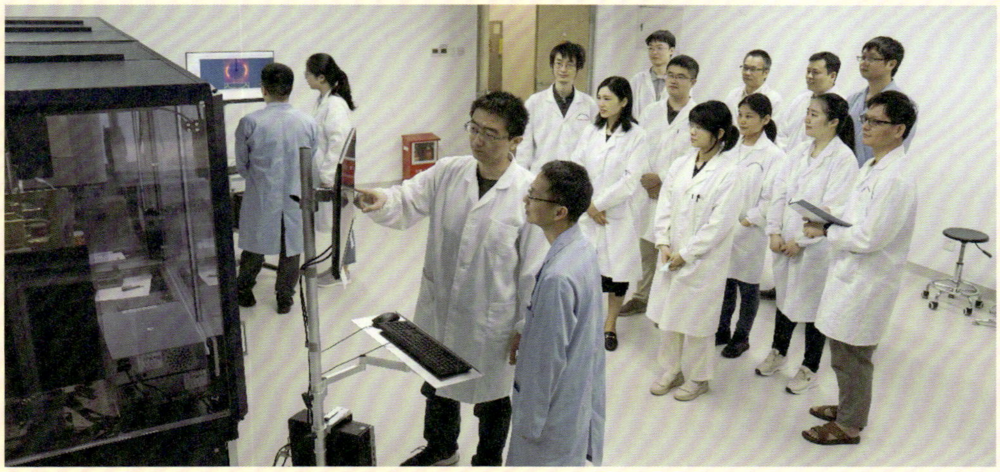

●2019年9月20日，学校华南软物质科学与技术高等研究院荣获“全国教育系统先进集体”称号。

●2022年2月，教育部公布第二批“全国高校黄大年式教师团队”认定结果，由中国工程院院士何镜堂教授领衔的华南理工大学建筑理论与创作实践教师团队成功入选。

率先提出“三创型”人才培养目标

在不同的历史时期，学校始终聚焦经济社会发展，不断优化人才培养模式，强化人才培养特色。为适应我国新型工业化和创新型国家建设的需求，1999年，学校在全国率先提出“三创型”（创新、创造和创业）人才培养目标。

1918年
红色甲工
为建立新中国
培养大批人才

1952年
又红又专
人才
新中国建立
现代化工业体系

1978年
合格＋特长
人才
社会主义市场经济
广东省现代科技发展

1999年
三创型
（创新、创造、创业）
人才
国家新型工业化建设
广东现代产业体系建设

2004年
研究型工程师
科技型企业家
创新型国家
重大战略

2017年
高素质、高层次、
多样化社会责任感
和全球视野三创型
（创新、创造、创业）
人才
国家创新驱动发展
中国制造2025
互联网＋
等重大战略

2020年
着力培养新工科
国际化人才

五山校区 · 逸夫人文馆

人才辈出

50177超级班

50177，即指1977年考入华南工学院的无线电技术专业学生班，被称为中国“超级班”。在这个班里，走出了TCL总裁李东生、创维集团创始人黄宏生、京信通信系统控股有限公司董事局主席霍东龄、德生通用电器制造有限公司董事长梁伟……这些中国恢复高考制度后的首批天之骄子，在走出校园后，迎来了他们施展才学的黄金时代，学子们纵横捭阖，用激情和智慧唱响春天的故事。

●50177班毕业留影

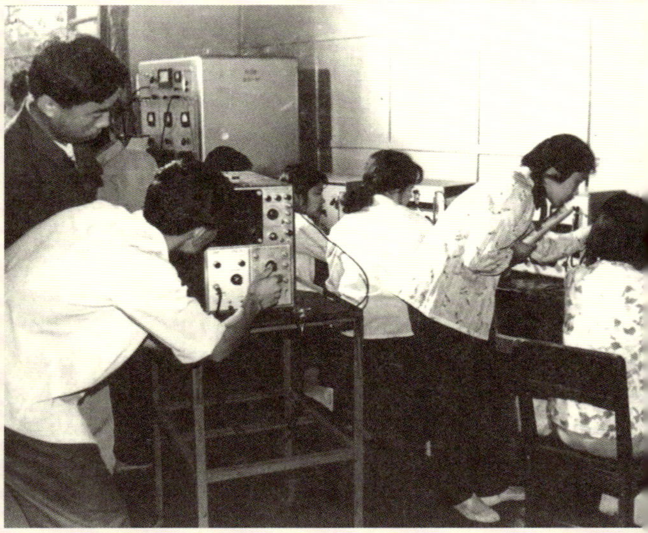

●50177班同学在进行课堂实验

“华工三剑客”

●1977年恢复高考后，三个分别来自惠阳、海南岛、罗定的年轻人考入华南工学院，日后成为享有盛名的中国彩电三巨头——TCL总裁李东生、创维集团创始人黄宏生和康佳集团前总裁陈伟荣，被称为“华工三剑客”。

●四海学子归故里，锦瑟流年与君同。2018年12月16日，华南理工大学首届全球校友代表大会在五山校区举行。大会以“聚智创新 引领未来”为主题，全球校友齐聚一堂，共同回顾学校百年办学历史，展望未来。

●每年11月的第二个星期六，是华南理工大学校友返校日。校园内到处是久别重聚、相互问候的场面，同学情、师生情成为华园的主题。图为2019年返校日的精彩瞬间，背景画板上的22路公交车曾以华南理工大学为始发站，后因市政规划而改道。如今，22路车的影像存留在校友心中，凝聚着大学时代的美好回忆。

学全球校友代表大会

十年
South China University of Technology

57万华工人服务全球

据不完全统计，二十世纪八九十年代，珠三角近2/3的企业负责人或技术骨干是华工校友，目前粤港澳大湾区由华工校友创立或领导的上市公司、大型企业超过200家，全面支撑引领广东制造业发展。

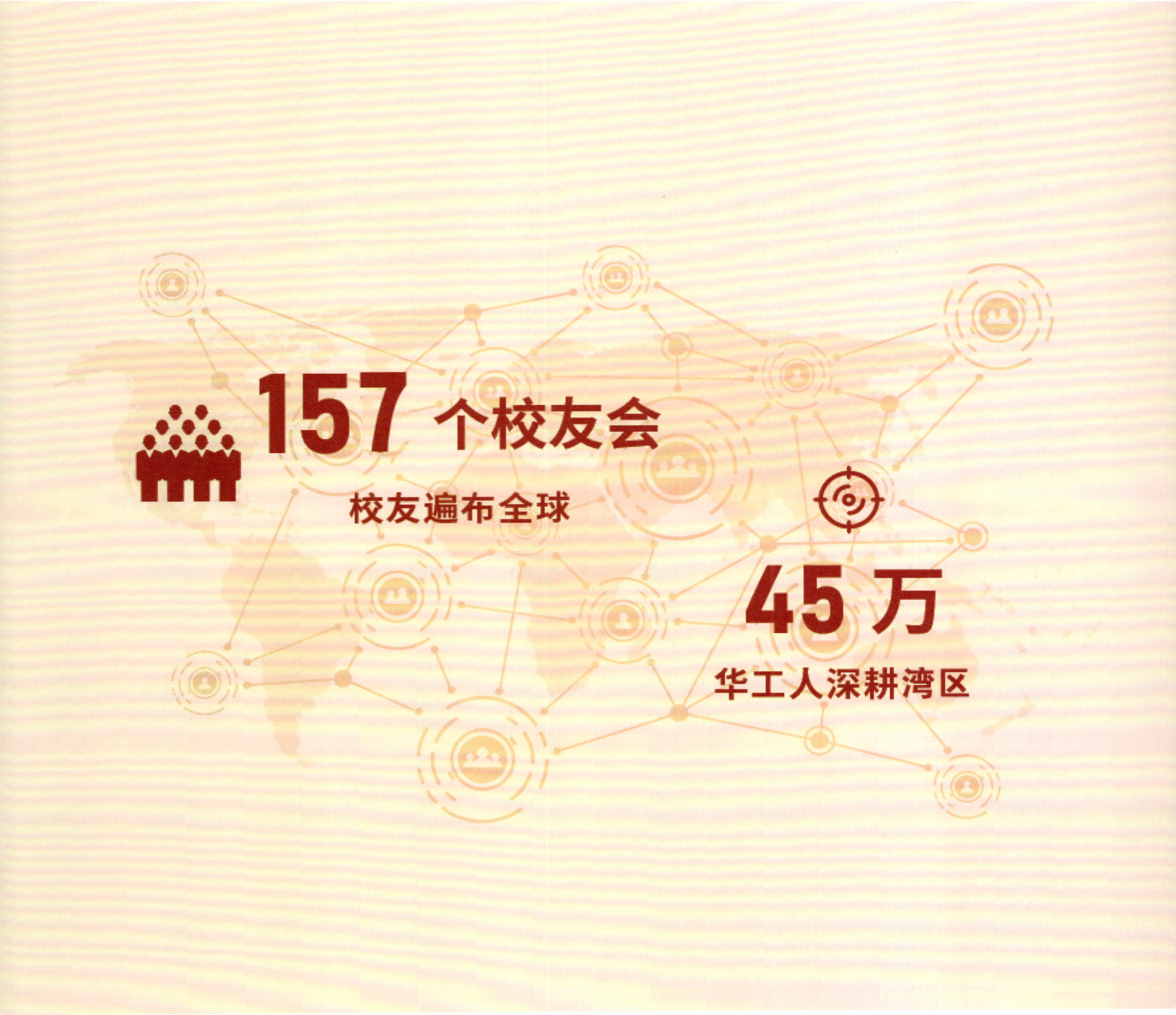
157 个校友会
校友遍布全球
45 万
华工人深耕湾区

敢闯会创

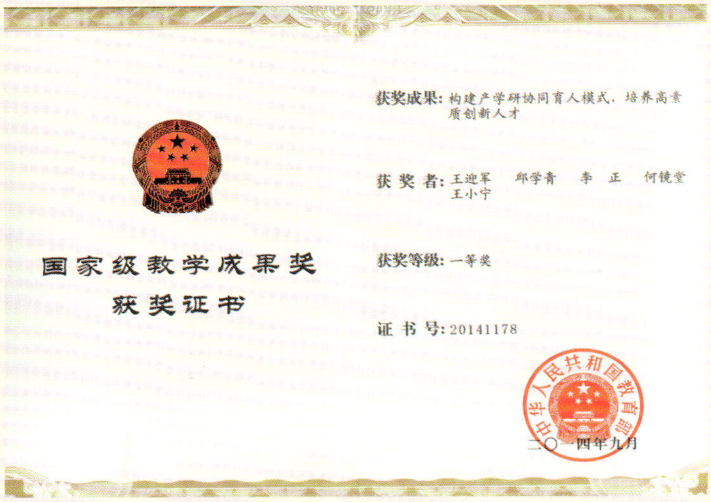
国家级教学成果奖
获奖证书

获奖成果：构建产学研协同育人模式，培养高素质创新人才

获 奖 者：王迎军　邱学青　李　正　何镜堂　王小宁

获奖等级：一等奖

证 书 号：20141178

中华人民共和国教育部
二〇一四年九月

●1989年，国家级教学成果奖设立。截至2022年，华南理工大学作为第一完成单位共获得30项国家级教学成果奖。图为学校教师于2014年获得的一等奖获奖证书。

●2000年，学校经教育部批准试办华南理工大学研究生院。2004年，经教育部批准正式成立研究生院。图为2000年研究生院揭牌仪式现场。

●图为2000年6月1日尼日利亚籍学生欧裕（Olabisiisaac Olarewaju）（左）被授予硕士学位，成为学校首位获得硕士学位的留学生。20世纪60年代初，学校接收了第一批留学生（1961年10月，接收来自蒙古人民共和国的留学生4人）。

●图为2010年4月8日，华南理工大学—深圳华大基因研究院生命科学创新学院成立，双方合作培育新兴学科的优秀拔尖人才。早在1985年，学校就设立了信息工程精英创新班“电类联合班”，培养知识系统宽厚、具有创新能力和国际视野的高层次拔尖创新人才。

●基因组科学创新班坚持实施“基于科研项目的学习”，截至2022年11月，共有59人次以第一作者、共同第一作者或署名作者身份在*Nature*、*Science*、*Cell*等国际顶尖学术期刊及其子刊上发表高水平论文44篇，被誉为“一场静悄悄的教育革命”。

学校育人成效显著，在学生中涌现出一批思想道德先进个人和集体。2014年以来，有一批学生获评“中国大学生年度人物”“全国百名研究生党员标兵”“中国大学生自强之星”等。图为2015年第十届“中国大学生年度人物”获得者刘佰全在进行科学实验。

2017年8月6日，第16届全国大学生机器人大赛RoboMaster 2017机甲大师全国总决赛在深圳举行，学校“华南虎”战队获得总冠军，并于翌年蝉联冠军。图为“华南虎”队员正在比赛现场激烈角逐。

●2018年8月17日，2018中国国际太阳能十项全能竞赛（SDC2018）在山东德州圆满闭幕。经过半个多月紧张而激烈的角逐，华南理工大学—都灵理工大学联队最终斩获竞赛总分第一名，获得赛事总冠军。图为参赛队伍赛后合影。

●围绕华南理工红色基因、革命精神和百年办学文脉，学校编创了《红色甲工　血色浪漫》话剧。话剧项目入选教育部2020年度高校原创文化精品推广行动计划。图为2019年5月10日，话剧在学校大学城校区首场公演场景。

●改革开放40多年来，学校全面落实立德树人根本任务，不忘初心，服务国家区域经济社会发展，培养了一批又一批优秀大学生。2019年12月2日，“不忘初心、牢记使命”主题教育之“招商蛇口·青春华章”2019年优秀大学生年度颁奖盛典在五山校区举行。

●2020年11月17—20日，“建行杯”第六届中国国际“互联网+”大学生创新创业大赛总决赛在华南理工大学举行。学校共有12支队伍进入全国总决赛，最终斩获10金2银的历史最好成绩。图为参赛队伍在决赛现场合影。

●2020年11月19日，“建行杯”第六届中国国际“互联网+”大学生创新创业大赛圆满收官，颁奖盛典在广州大学城中心区体育场举行，华南理工大学获得特别贡献奖。图为学校党委书记章熙春（右）代表学校接受教育部副部长钟登华（左）颁奖。

●2021年，化学拔尖学生培养基地、计算机科学拔尖学生培养基地入选教育部基础学科拔尖学生培养计划2.0基地，标志着学校正式进入基础学科拔尖人才培养的“国家队”。图为化学拔尖学生培养基地学生参加国际交流课程。

●2022年11月9日，华南理工大学举行第八届中国国际“互联网+”大学生创新创业大赛模拟演练赛，张立群校长（前排中）来到演练备赛现场为参赛队伍加油鼓劲。在前八届的比赛中，学校累计获得金奖23项。

率先在全国高校中建立创新创业孵化基地

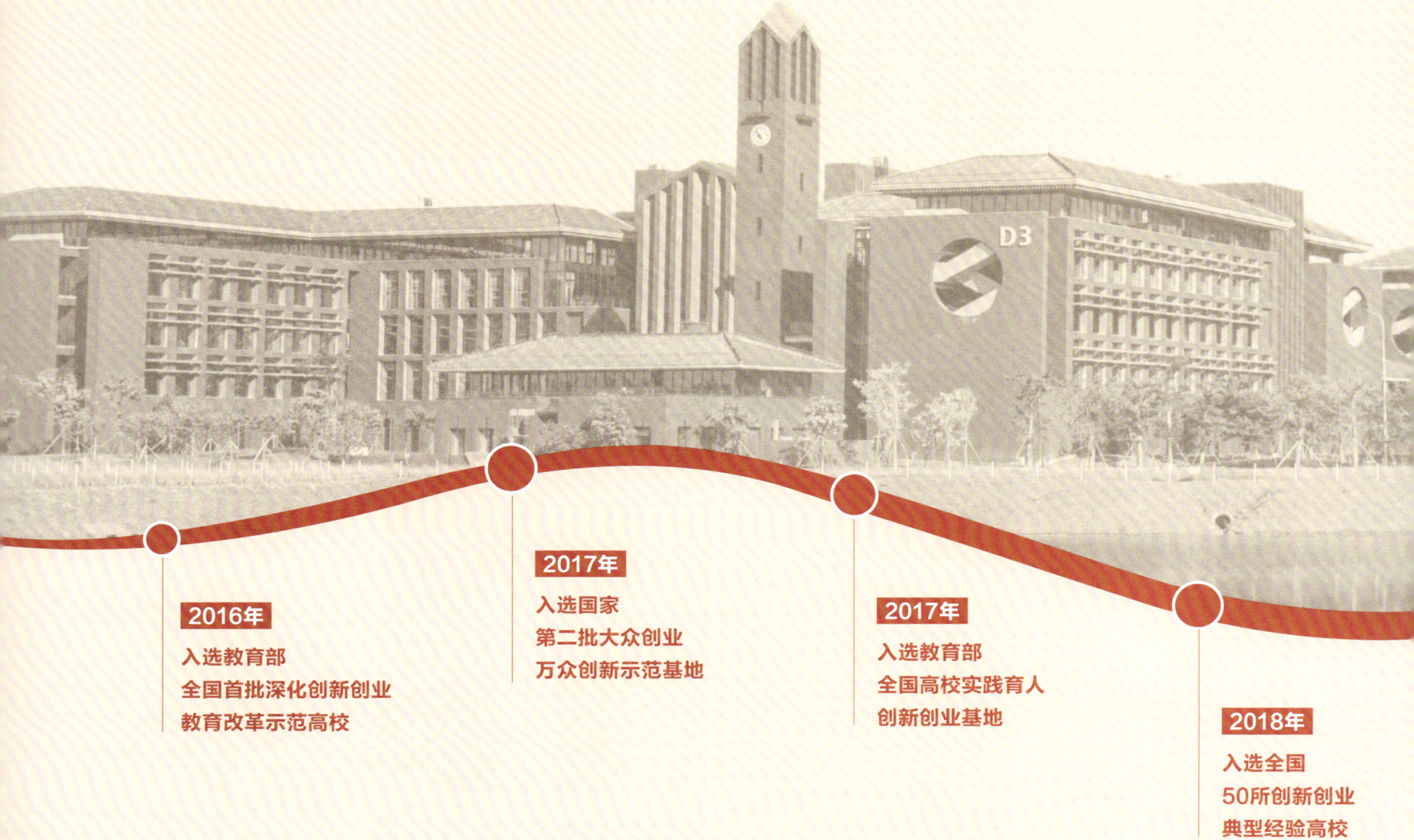

2016年

入选教育部
全国首批深化创新创业
教育改革示范高校

2017年

入选国家
第二批大众创业
万众创新示范基地

2017年

入选教育部
全国高校实践育人
创新创业基地

2018年

入选全国
50所创新创业
典型经验高校

2019年

获批教育部
中美青年创客交流中心

2020年

入选教育部
高层次国际化人才培养
创新实践基地

2022年

入选教育部
国家级创新创业
教育实践基地

3 研以致用

学校不断提升原始创新能力和关键核心技术攻关能力，不断创新科技成果转化体制机制，支撑引领创新驱动发展，服务国家重大战略和粤港澳大湾区建设。

学科引领

学校成为最早全面进入四大权威世界大学排名500强的14所内地高校之一

开始加速攀升

排名机构	2016 年	2017 年	2018 年	2019 年	2020 年	2021 年
ARWU	201~300（15）	201~300（11）	201~300（21）	201~300（20）	151~200（19）	178（18）
US NEWS	394（19）	400（19）	361（18）	336（16）	290（15）	250（15）
QS	551~600（29）	551~600（27）	551~600（27）	480（23）	462（23）	407（18）
THE	601~800（23）	501~600（22）	501~600（17）	501~600（18）	401~500（17）	431（21）

注：括号里的数字表示学校四大排行榜排名在内地高校中的排位。

在US News 2023世界大学学科排名中，华南理工大学2个学科（食品科学与技术、高分子科学）位居**世界第一**。4个学科进入**世界前10位**，14个学科进入**世界前50位**，18个学科进入**世界前100位**。

5个学科领域跻身ESI全球排名**前1‰**行列

12个学科领域进入ESI全球排名**前1%**行列

入选学科覆盖**全校所有理工科专业**

- 数学
- 药理学与毒理学
- 社会科学总论
- 物理学
- 环境科学/生态学
- 临床医学
- 生物学与生物化学
- 工程学
- 材料科学
- 化学
- 农业科学
- 计算机科学

注：ESI前1‰的学科一般被视为已经达到国际顶尖水平，ESI前1%的学科一般被视为国际高水平学科。

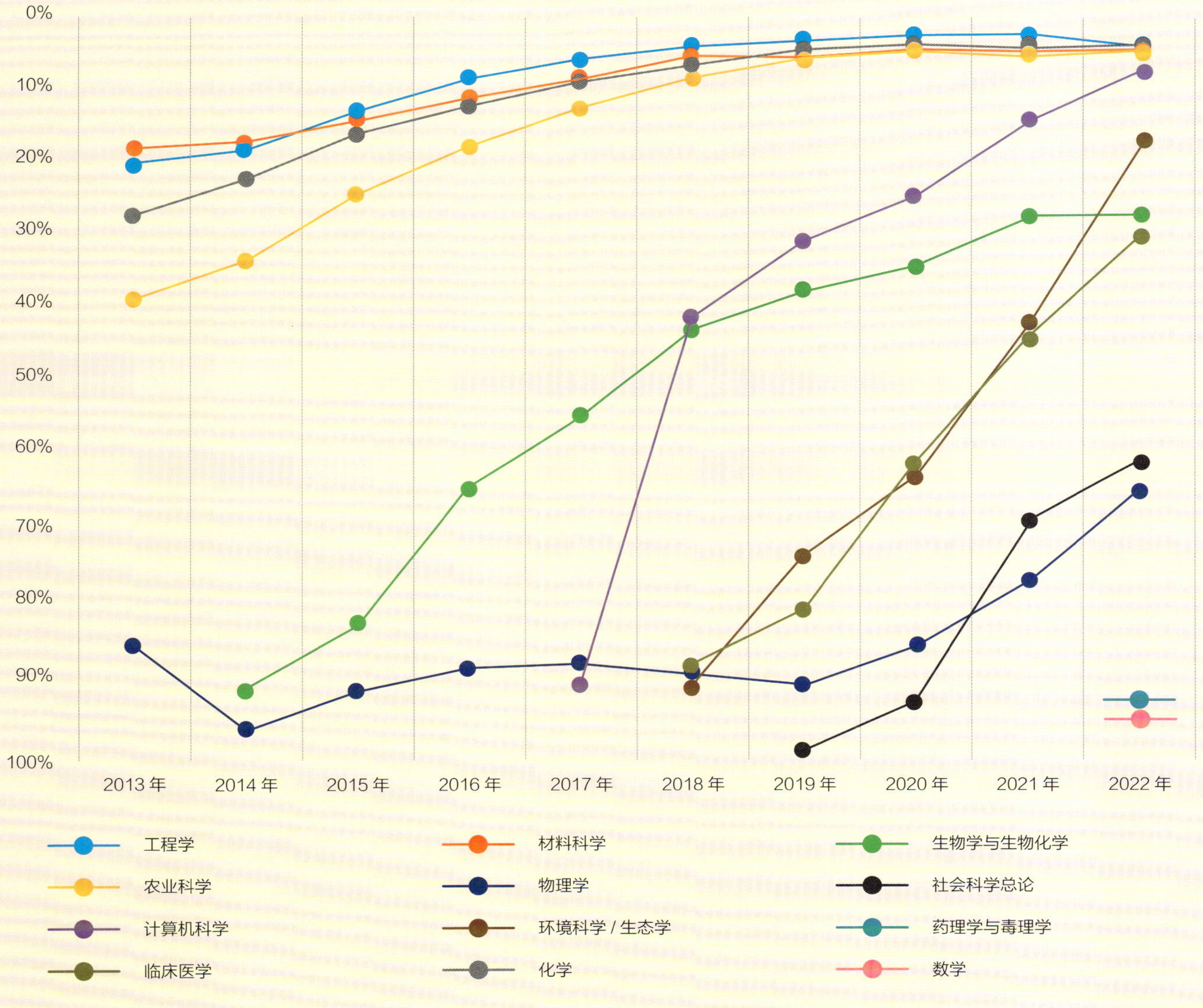

2013—2022年华南理工大学ESI学科排名百分位变化趋势图

学校持续优化以工见长、理工医结合、管经文法等多学科协调发展的综合性学科布局，着力构建一流学科体系。图为学校现有的十大学科门类及其相应的一级学科数量。

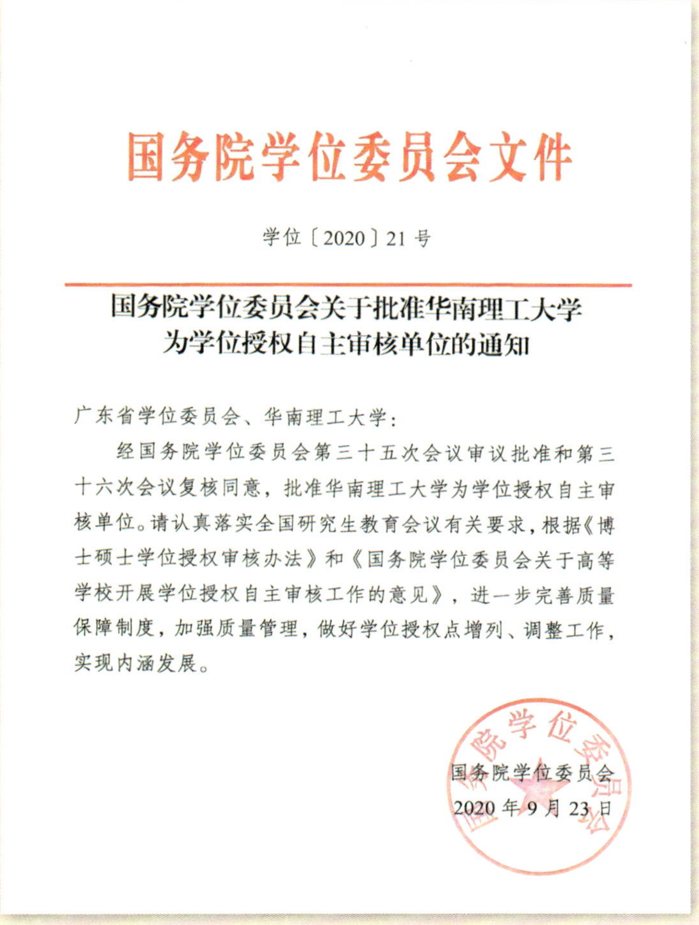

国务院学位委员会文件

学位〔2020〕21号

国务院学位委员会关于批准华南理工大学为学位授权自主审核单位的通知

广东省学位委员会、华南理工大学：

经国务院学位委员会第三十五次会议审议批准和第三十六次会议复核同意，批准华南理工大学为学位授权自主审核单位。请认真落实全国研究生教育会议有关要求，根据《博士硕士学位授权审核办法》和《国务院学位委员会关于高等学校开展学位授权自主审核工作的意见》，进一步完善质量保障制度，加强质量管理，做好学位授权点增列、调整工作，实现内涵发展。

国务院学位委员会

2020年9月23日

2020年9月23日，学校获批为学位授权自主审核单位。

科研平台

国家级
28个

部省级
225个

学校建成了集基础研究、技术攻关、国际合作于一体的全链条科技创新平台体系。

国家、广东自主创新体系的重要组成部分

类别	科研基地	总数（个）	合计（个）
国家级	国家重点实验室	3	28
	国家工程技术研究中心	3	
	国家工程研究中心	2	
	国家国际科技合作基地	1	
	国家工程实验室 / 研究中心（含国家地方联合）	10	
	高等学校学科创新引智基地	7	
	国家高端智库	1	
	高校思想政治工作创新发展中心	1	
部省级	教育部省部共建协同创新中心	3	225
	教育部重点实验室	9	
	教育部工程研究中心	6	
	教育部国际合作联合实验室	2	
	粤港澳联合实验室	3	
	广东省重点实验室	26	
	广东省工程实验室	7	
	广东省工程技术研究中心	72	
	其他自然科学类省部级科研机构	46	
	文科省部级研究机构	51	

● **制浆造纸工程国家重点实验室**

1989年经原国家计委批准建设。聚焦造纸清洁生产关键技术及装备、特种纸、可再生资源功能化等领域的应用基础研究，解决制约造纸产业可持续发展的节能减排理论与技术、循环经济理论、关键装备研制和智能控制等关键共性问题；突破可再生资源生物炼制（平台化学品、新能源、新材料）的重大科学和技术问题，为造纸产业转型升级提供了不可替代的支撑作用。

● **亚热带建筑科学国家重点实验室**

2007年获科技部批准建设。从生态宜居的城乡规划与设计理论、建筑物理环境与节能、防灾减灾、生态环境等方面开展协同攻关研究，是我国建筑领域第一个也是目前唯一的国家重点实验室。近年来在全国各地完成了一大批建筑精品，创作设计了侵华日军南京大屠杀遇难同胞纪念馆扩建工程、上海世博会中国馆、澳门大学横琴校区、汶川震中纪念地、钱学森图书馆等一大批具有国际影响力的标志性国家重大工程，为建设美丽中国、推动社会发展发挥了重要支撑作用。

● **发光材料与器件国家重点实验室**

2011年获科技部批准建设。致力于新型可再生能源及下一代光电信息功能材料与器件研发，实现了国际上第一块全印刷OLED显示屏，并在聚合物有机太阳能电池转换效率上创造了多项世界纪录，掌握柔性显示的多项关键技术，打破国外技术垄断，突破国外知识产权限制，为推动我国新型显示产业发展发挥了重要支撑作用。

● **琶洲实验室**

2019年，学校牵头建设人工智能与数字经济广东省实验室（广州）。2020年，该实验室作为鹏城实验室广州基地，纳入国家实验室建设体系。

● **华南理工大学公共政策研究院**

华南理工大学公共政策研究院（Institute of Public Policy South China University of Technology，IPP）于2012年成立，2015年被批准为首批国家高端智库建设试点单位，已经发展成为华南地区最具政策影响力和社会知名度的综合型智库之一。IPP致力于知识创新和专业政策研究，提升中国公共决策水平和公共决策能力。图为2019年8月17日，IPP国际会议“文明与国家治理：西方和非西方”在广州召开。

●华南理工大学碳中和研究院

2021年，学校发挥多学科交叉优势，落实国家“碳达峰、碳中和”重大战略需求，作为创始高校加入碳中和世界大学联盟，成立了华南理工大学碳中和研究院。

重大项目

●2000年，以华贲教授（中）为首席科学家申请的项目“高效节能的关键科学问题”是学校首个获批的“973”计划项目。

●2017年，由华南理工大学牵头承担的“分子聚集发光”基础科学中心项目获资助经费超2亿元。华南理工大学和清华大学是最早牵头获批此类项目的高校。

高水平成果

华南理工大学牵头获国家科学技术奖情况（2012年至今）

奖励类别	名称	学校第一完成人
科技进步奖一等奖	制浆造纸清洁生产与水污染全过程控制关键技术及产业化	陈克复
自然科学奖二等奖	实现高效率有机太阳电池的新型聚合物材料及器件结构	曹　镛
科技进步奖二等奖	废旧混凝土再生利用关键技术及工程应用	吴　波
科技进步奖二等奖	复杂表面热功能结构形貌特征设计与可控制造关键技术	汤　勇
科技进步奖二等奖	发酵与代谢调控关键技术及产业化应用	赵谋明
技术发明奖二等奖	基于拉伸流变的高分子材料绿色加工成型技术	瞿金平
技术发明奖二等奖	碱木质素的改性及造纸黑液的资源化高效利用	邱学青
技术发明奖二等奖	高增益玻璃光纤与单频光纤激光器成套制备技术及其应用	杨中民
技术发明奖二等奖	磷酸钙类生物活性陶瓷和骨修复体模板法仿生制备新技术及临床应用	王迎军

学校陈克复院士团队牵头完成的成果“制浆造纸清洁生产与水污染全过程控制关键技术及产业化”获国家科技进步奖一等奖，为广东高校首个牵头获得的国家科技奖一等奖。图为陈克复院士（左三）团队代表在颁奖现场。

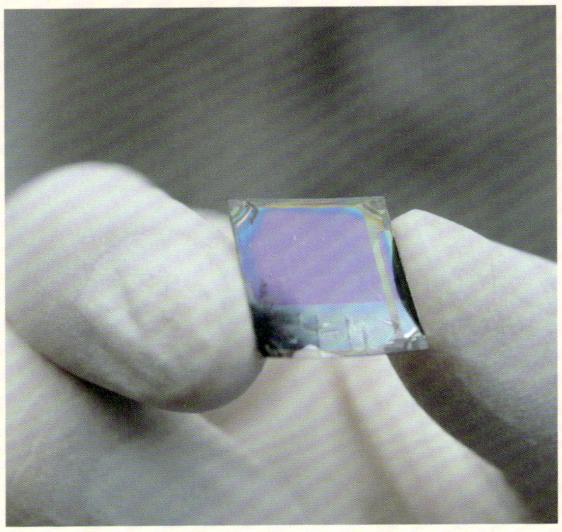

●2013年3月，科技部发布2012年度“中国科学十大进展”，学校材料科学与工程学院吴宏滨教授和曹镛院士研究组的一项科研成果入选，与神舟九号和天宫一号飞船成功实现载人交会对接等基础研究成果一同榜上有名。图为团队研发的聚合物太阳电池器件。

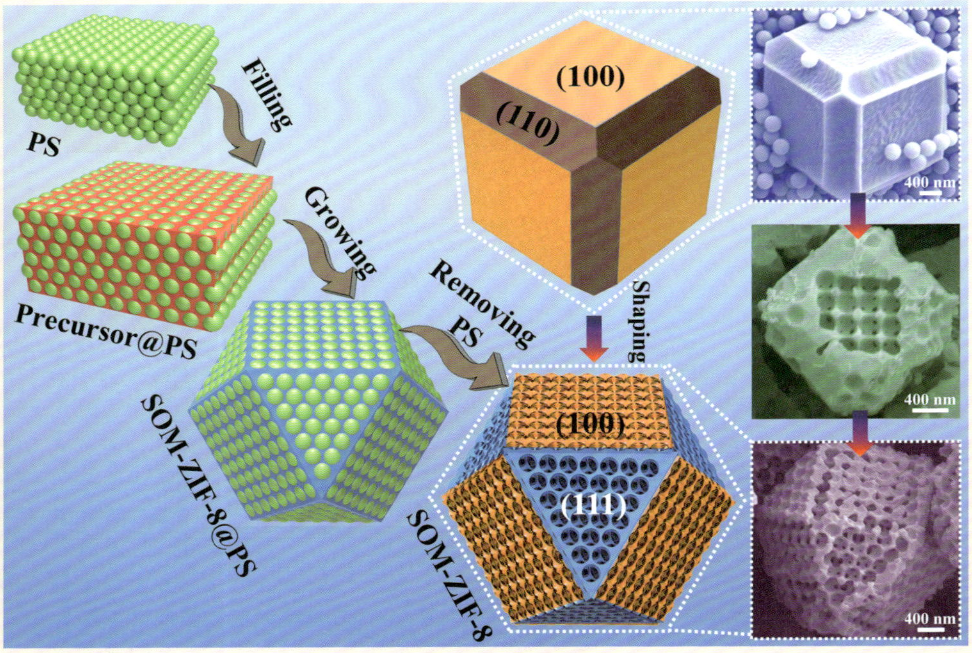

●2018年1月，学校化学与化工学院李映伟教授团队领衔研制出世界首个有序大孔—微孔MOF单晶材料，该成果在国际顶级学术期刊 *Science* 主刊发表。

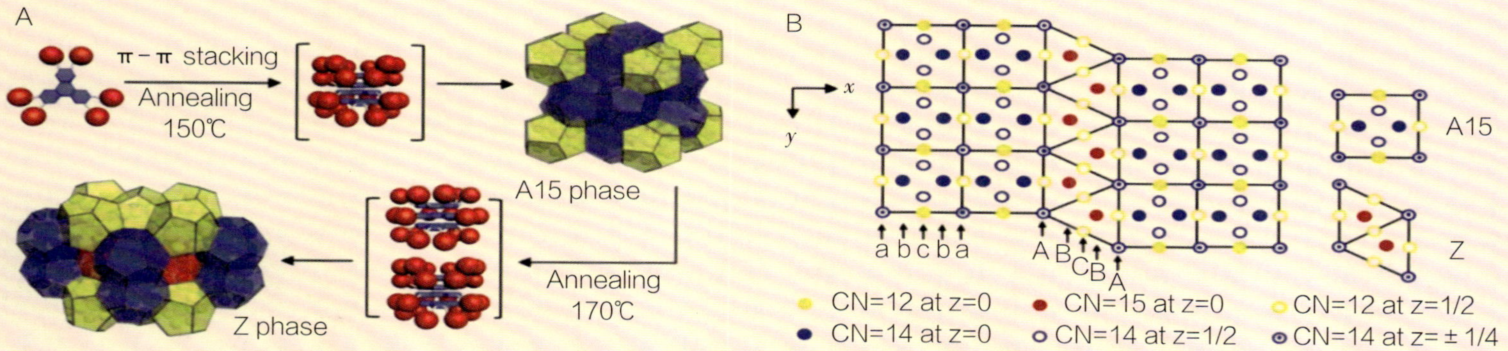

●2019年9月，学校前沿软物质学院科研团队在软物质本体中首次发现“Z相”。

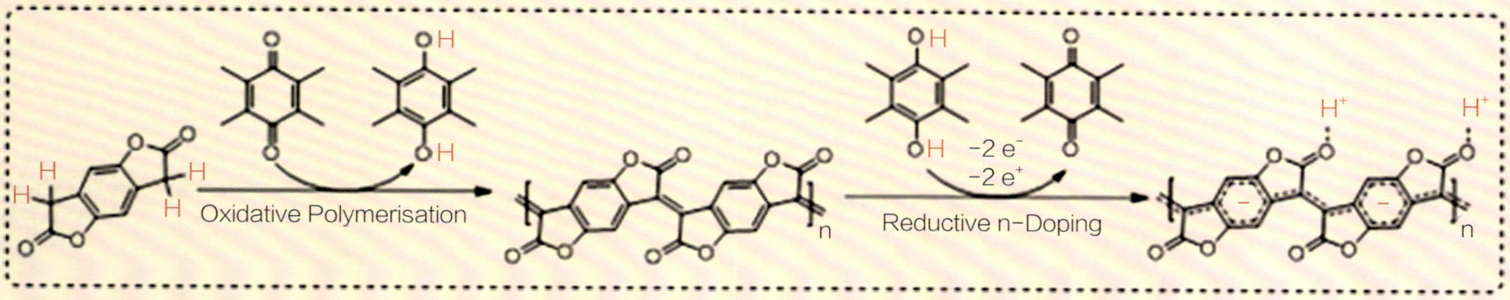

●2022年9月，学校发光材料与器件国家重点实验室科研团队在导电高分子研究领域取得重大突破，相关成果在国际顶级学术期刊 *Nature* 主刊上发表。图为氧化聚合和原位n型掺杂的反应机理示意图。

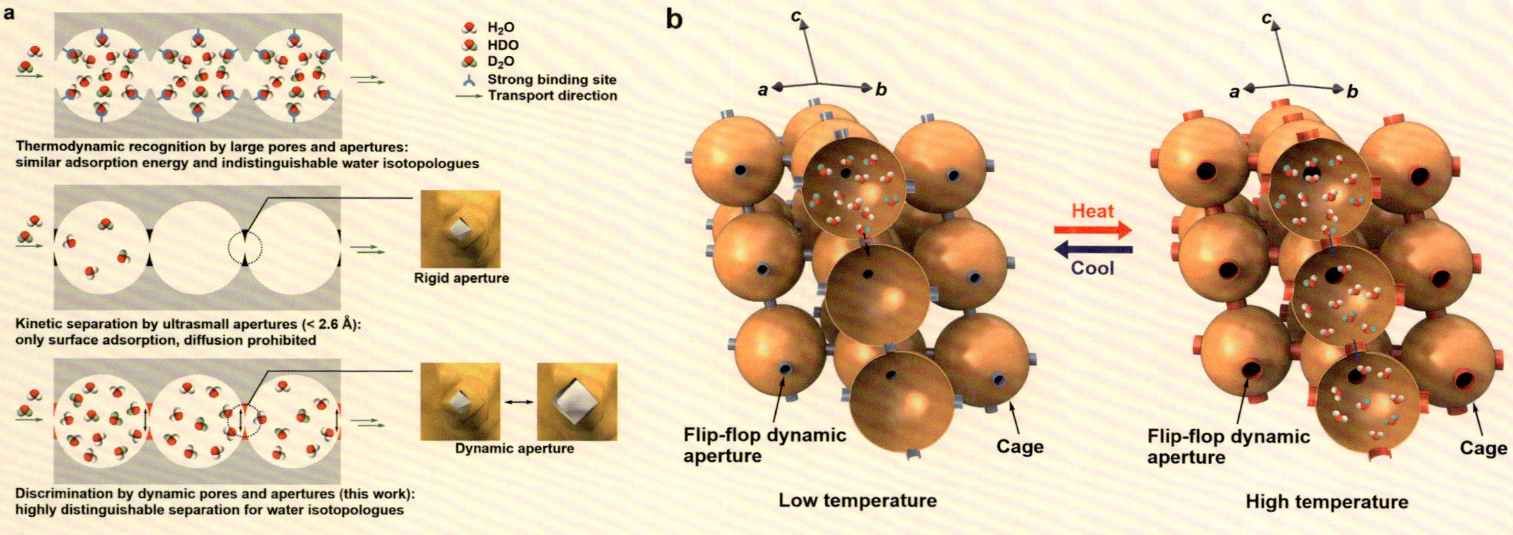

●2022年11月，学校材料科学与工程学院科研团队在国际顶级学术期刊 *Nature* 主刊上发表研究成果。图为水同位素动态识别的扩散调节机制下高效分离水同位素的方法。

科技成果转化

●2020年，学校入选全国首批“国家知识产权示范高校”，并于2021年获国家知识产权局、教育部正式授牌。

●图为2009年以来，高校获中国专利奖数量情况（以第一专利权人计）。其中，华南理工大学获中国专利奖总数连续11年（2009年至2020年）排名全国高校第一。

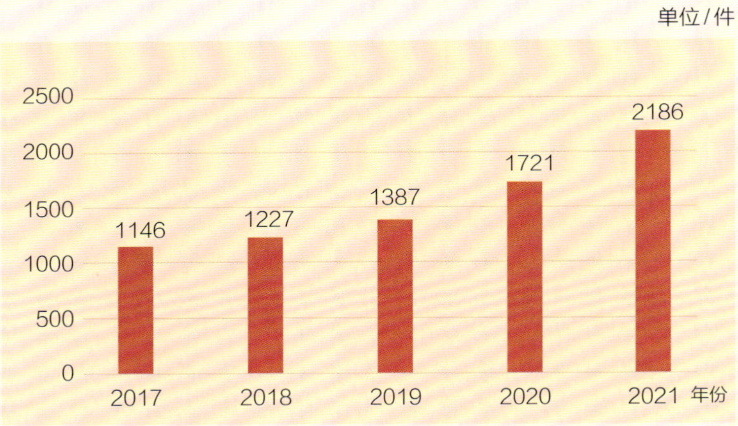

●2017—2021年学校发明专利授权情况

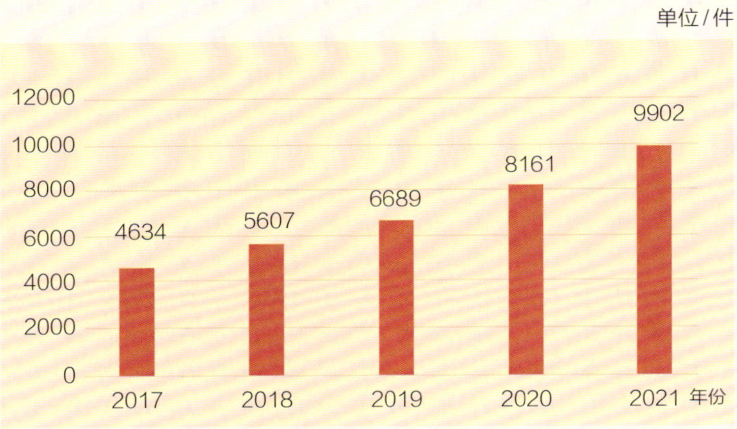

●2017—2021年学校有效发明专利情况

· 2018年，学校获评**“国家知识产权战略实施工作先进集体”**称号；
· 2019年，学校在“中国高校专利实力100强榜单”上居于**第二位**。

Overall ranking	Change in position from 2020	Applicant	Origin	Published PCT applications		
				2019	2020	2021
39	5	UNIVERSITY OF CALIFORNIA	U.S.	470	559	551
72	64	ZHEJIANG UNIVERSITY	China	69	209	306
103	-4	MASSACHUSETTS INSTITUTE OF TECHNOLOGY	U.S.	230	269	227
125	-7	TSINGHUA UNIVERSITY	China	265	231	201
132	58	LELAND STANFORD JUNIOR UNIVERSITY	U.S.	132	154	194
149	5	BOARD OF REGENTS OF THE UNIVERSITY OF TEXAS SYSTEM	U.S.	161	184	177
161	22	SOUTH CHINA UNIVERSITY OF TECHNOLOGY	China	165	157	169
170	138	NATIONAL UNIVERSITY oF SINGAPORE	Singapore	79	96	163
185	420	SUZHOU UNIVERSITY	China	33	46	153
187	15	UNIVERSITY OF TOKYO	Japan	119	149	150
192	-15	DALIAN UNIVERSITY OF TECHNOLOGY	China	141	159	146
202	-95	SHENZHEN UNIVERSITY	China	247	252	142
207	224	QINGDAO TECHNOLOGICAL UNIVERSITY	China	14	69	139
211	37	KOREA UNIVERSITY	Republic of Korea	93	118	138
224	22	JOHNS HOPKINS UNIVERSITY	U.S.	87	121	129
239	27	YONSEI UNIVERSITY	Republic of Korea	48	109	122
242	-17	JIANGNAN UNIVERSITY	China	118	131	121
242	-2	HANYANG UNIVERSITY	Republic of Korea	113	124	121
255	53	UNIVERSITY OF MICHIGAN	U.S.	107	96	113
265	-33	OSAKA UNIVERSITY	Japan	105	128	111
267	67	UNIVERSITY OF FLORIDA	U.S.	94	86	110
267	-61	SEOUL NATIONAL UNIVERSITY	Republic of Korea	136	146	110
283	78	SHANDONG UNIVERSITY	China	71	80	105
284	-36	HARVARD UNIVERSITY	U.S.	140	118	104
288	96	KYOTO UNIVERSITY	Japan	75	76	103
293	159	WUYI UNIVERSITY	China	16	65	102
312	14	PEKING UNIVERSITY	China	75	90	95
312	32	KOREA ADVANCED INSTITUTE OF SCIENCE NDTECHNOLOGY	Republic of Korea	97	84	95
326	177	JIANGSU UNIVERSITY	China	61	59	92
328	-68	SHANDONG UNIVERSITY OF SCIENCE ANDTECHNOLOGY	China	64	111	91

●根据世界知识产权组织（WIPO）公布的2021年全球《专利合作条约》（PCT）申请情况，学校2021年PCT申请量169件，位居全球教育机构前七、中国高校前三。

华南理工大学牵头获中国专利奖情况（2012年至今）

获奖年度	奖励级别	专利名称	发明人
2020	金奖	一种城市污水改良 A^2/O 强化脱氮除磷处理装置及工艺	周少奇、周　晓、黎　强、周　娟
2014	金奖	基于拉伸流变的高分子材料塑化输运方法及设备	瞿金平
2021	银奖	高异频隔离宽带双频基站天线阵列	章秀银、薛成戴、吴裕锋
2021	银奖	一种可调谐窄线宽单频线偏振激光器	徐善辉、杨昌盛、杨中民、冯洲明、张勤远、姜中宏
2020	银奖	一种利用可控接枝技术提高材料表面血液相容性的方法	任　力、王迎军、郑　建、王　琳、刘　卅
2018	银奖	适用于多直流馈入电网的动态无功补偿装置的控制方法	汪娟娟、傅　闯
2018	银奖	一种化肥废水处理工艺优化方法	周少奇、彭华平、张战利
2021	优秀奖	一种基于双环预测控制的切换型控制方法	杜贵平、黎嘉健、柳志飞
2020	优秀奖	一种切圆式螺旋喷射湿法烟气脱硫装置	刘定平、徐开华、单　婕
2020	优秀奖	一种双向流内循环式 PS 高级氧化反应器及污水处理方法	万金泉、濮梦婕、王晨曦、马邕文、王　艳、黄明智
2020	优秀奖	基于超声导波的双向时间反演损伤成像方法	洪晓斌、周建熹
2019	优秀奖	一种含六价铬废渣提取回收铬的脱毒处理方法	林　璋、刘炜珍、刘学明、荣文聪
2019	优秀奖	一种处理废水的两相两阶段厌氧生物反应器	万金泉、马邕文、王　艳、陈　云、黄明智
2019	优秀奖	多功能数字波控弧焊逆变电源	王振民、冯允樑、潘成熔、何东炜
2019	优秀奖	一种具有印制高度的防伪二维码的印制方法及装置	陈广学、郭　倩、俞朝晖、陈奇峰、邰晶磊、陈琳轶
2018	优秀奖	一种高分子量中磺化度木质素基农药分散剂及其制备方法	邱学青、楼宏铭、庞煜霞、杨东杰、欧阳新平、易聪华、周明松、邓永红
2018	优秀奖	一种薄膜型 LED 器件及其制造方法	汤　勇、余彬海、李宗涛、丁鑫锐、陆龙生、袁　伟、万珍平
2018	优秀奖	一种 BOOST-BUCK-BOOST 无桥变换器	张　波、张　能、黄子田、丘东元、肖文勋
2018	优秀奖	一种耐热性提高的偏甘油酯脂肪酶突变体及突变质粒、重组菌株和制备方法	王永华、蓝东明、高崇亮、刘　璐、杨　博
2017	优秀奖	超声协同养晶的果汁冷冻浓缩方法与设备	曾新安、于淑娟、曾　杨
2017	优秀奖	南极假丝酵母脂肪酶 B 基因及其在酵母展示中的应用	林　影、韩双艳、苏国栋、郑穗平、黄登峰
2016	优秀奖	一种高磺化度高分子量木质素基高效减水剂及其制备方法	邱学青、楼宏铭、庞煜霞、杨东杰、欧阳新平、易聪华
2016	优秀奖	一种 LED 集中式直流供电系统及其运行方法	张　波、张桂东、肖文勋、丘东元
2016	优秀奖	一种羟基聚丙烯酸酯水分散体的制备方法及含有羟基聚丙烯酸酯水分散体的水性涂料	瞿金清、孔　霞、朱延安、陈焕钦
2015	优秀奖	一种淀粉预处理方法	黄　强、扶　雄、罗发兴、何小维、李　琳
2015	优秀奖	双光学放大倍率图像采集装置及图像采集控制处理系统	张宪民、贺振兴、梁经伦、欧阳高飞、邝泳聪
2014	优秀奖	天然有色糖品的生产方法	于淑娟、朱思明
2014	优秀奖	城市污水一体化组合工艺处理反应器	周少奇、丁进军
2013	优秀奖	中央空调末端环境温度与冷源负荷远程调控方法及系统	彭新一、闫军威、周　璇、简伟名、许海航、卢展超
2013	优秀奖	一种低噪声窄线宽高功率的单纵模光纤激光器	徐善辉、杨中民、张伟南、张勤远、姜中宏
2013	优秀奖	一种微细沟槽管多级拉拔制造方法	汤　勇、欧栋生、陈剑鸿、葛子平、练　彬、陈伟彬
2012	优秀奖	用于锡膏印刷的 L 型双镜头图像采集装置	张宪民、邝泳聪、卢盛林、吴晖辉、李华会
2012	优秀奖	基于 LLC 串联谐振的低电压应力单级 AC-DC 变换器	张　波、肖文勋、张桂东

●1995年4月，华南理工大学荣获中华人民共和国专利局颁发的“全国专利工作先进高等院校”奖牌。

多层复合高阻隔包装膜拉伸流变塑化吹塑成型装备

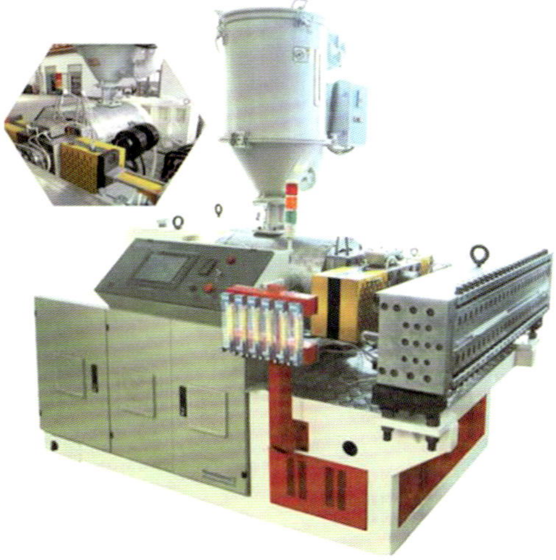
拉伸流变大型中空格子板挤出成型机

●2014年12月，世界知识产权组织和国家知识产权局共同主办的第十六届中国专利奖颁奖大会在北京举行。学校专利“基于拉伸流变的高分子材料塑化输运方法及设备”推动了传统设备的改造升级，荣获金奖。图为该金奖专利在多个领域的应用情况。

●2020年，学校瞿金平院士发明的“基于拉伸流变的高分子材料塑化输送方法及设备”专利技术以超过2000万元的价格完成专利技术转让。图为专利技术转让签约现场。

●2021年6月，国家知识产权局发布关于第二十二届中国专利授奖的决定，学校与贵州科学院共享知识产权的发明专利“一种城市污水改良A^2/O强化脱氮除磷处理装置及工艺”荣获金奖。图为应用该专利技术设计建造的污水处理设施。

在穗主要高校支撑地方经济社会发展"1+3"指数及排行榜

名次	院校类别	院校名称	总体支撑指数
1	部属高校	华南理工大学	100.00
2	部属高校	中山大学	85.45
3	省属高校	广东工业大学	75.39
4	部属高校	暨南大学	72.30
5	省属高校	华南农业大学	66.78
6	市属高校	广州大学	65.15
7	省属高校	南方医科大学	65.11
8	省属高校	广东药科大学	63.74
9	省属高校	华南师范大学	63.29
10	市属高校	广州医科大学	61.59

●学校于2018年、2019年连续两年位居《在穗主要高校支撑地方经济社会发展评价报告》总体支撑指数排行榜第一，且在"成果转化指数""产学研结合指数""人才支撑指数"三个子榜单中均居于前列，为广州市经济社会发展作出了重要贡献。

全国科技创新高校50强

排名	高校名称	排名	高校名称
1	清华大学	26	北京航空航天大学
2	北京大学	27	中南大学
3	浙江大学	28	武汉理工大学
4	上海交通大学	29	重庆大学
5	复旦大学	30	南京航空航天大学
6	华中科技大学	31	中国农业大学
7	西安交通大学	32	湖南大学
8	四川大学	33	吉林大学
9	中山大学	34	北京交通大学
10	哈尔滨工业大学	35	西南交通大学
11	华南理工大学	36	中国矿业大学
12	天津大学	37	苏州大学
13	南京大学	38	浙江工业大学
14	中国科学技术大学	39	河海大学
15	东南大学	40	华北电力大学
16	电子科技大学	41	华东理工大学
17	武汉大学	42	福州大学
18	厦门大学	43	华中农业大学
19	东北大学	44	西安电子科技大学
20	山东大学	45	北京化工大学
21	北京科技大学	46	郑州大学
22	大连理工大学	47	中国石油大学（北京）
23	北京理工大学	48	北京工业大学
24	同济大学	49	南京工业大学
25	江南大学	50	江苏大学

●据《全国科技创新百强指数报告·2022》，学校科技创新指数位居全国高校第11位。

“五院一园”协同创新体系

● 学校聚焦国家重大战略发展需求，深度融入湾区科技创新体系建设，与粤港澳大湾区核心城市广州、东莞、珠海、中山、佛山等地方政府合作共建了集基础研究、技术攻关到成果转化全链条布局的高水平科技创新平台，形成以广州为创新源头、沿粤港澳大湾区核心城市重点布局的“五院一园”科技成果转化示范区，助力粤港澳大湾区构建面向全球的现代化产业体系，为大湾区从“制造驱动”向“创新驱动”转变提供了有力的支撑。截至2021年底，示范区共吸引各方投资超过10亿元，孵化高技术企业260余家（其中新三板上市企业1家，国家专精特新重点“小巨人”企业1家和“小巨人”企业2家），完全涵盖了大湾区主要产业领域，有力地支撑了大湾区国际科创中心建设。

广州

广州现代产业技术研究院

广州

中新国际联合研究院

东莞

华南协同创新研究院

珠海

珠海现代产业创新研究院

中山

中山现代产业技术研究院

佛山

国家大学科技园顺德创新园区

五山校区 · 西湖

重大科技成果转化项目

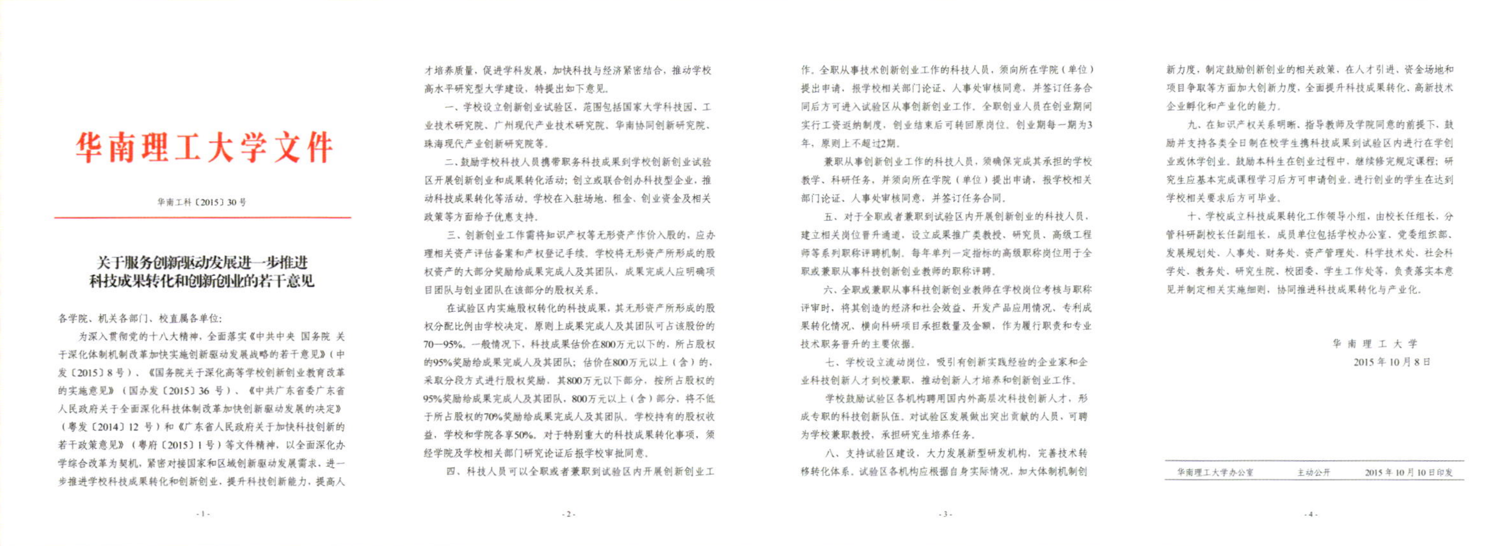

华南理工大学文件

华南工科〔2015〕30 号

关于服务创新驱动发展进一步推进科技成果转化和创新创业的若干意见

各学院、机关各部门、校直属各单位：

为深入贯彻党的十八大精神，全面落实《中共中央 国务院 关于深化体制机制改革加快实施创新驱动发展战略的若干意见》（中发〔2015〕8 号）、《国务院关于深化高等学校创新创业教育改革的实施意见》（国办发〔2015〕36 号）、《中共广东省委广东省人民政府关于全面深化科技体制改革加快创新驱动发展的决定》（粤发〔2014〕12 号）和《广东省人民政府关于加快科技创新的若干政策意见》（粤府〔2015〕1 号）等文件精神，以全面深化办学综合改革为契机，紧密对接国家和区域创新驱动发展需求，进一步推进学校科技成果转化和创新创业，提升科技创新能力，提高人

- 1 -

才培养质量，促进学科发展，加快科技与经济紧密结合，推动学校高水平研究型大学建设，特提出如下意见。

一、学校设立创新创业试验区，范围包括国家大学科技园、工业技术研究院、广州现代产业技术研究院、华南协同创新研究院、珠海现代产业创新研究院等。

二、鼓励学校科技人员携带职务科技成果到学校创新创业试验区开展创新创业和成果转化活动；创立或联合创办科技型企业，推动科技成果转化等活动。学校在入驻场地、租金、创业资金及相关政策等方面给予优惠支持。

三、创新创业工作需将知识产权等无形资产作价入股的，应办理相关资产评估备案和产权登记手续。学校将无形资产所形成的股权资产的大部分奖励给成果完成人及其团队，成果完成人应明确项目团队与创业团队在该部分的股权关系。

在试验区内实施股权转化的科技成果，其无形资产所形成的股权分配比例由学校决定，原则上成果完成人及其团队可占该股份的70—95%。一般情况下，科技成果估价在800万元以下的，所占股权的95%奖励给成果完成人及其团队；估价在800万元以上（含）的，采取分段方式进行股权奖励，其800万元以下部分，按所占股权的95%奖励给成果完成人及其团队，800万元以上（含）部分，将不低于所占股权的70%奖励给成果完成人及其团队。学校持有的股权收益，学校和学院各享50%。对于特别重大的科技成果转化事项，须经学院及学校相关部门研究论证后报学校审批同意。

四、科技人员可以全职或者兼职到试验区内开展创新创业工

- 2 -

作。全职从事技术创新创业工作的科技人员，须向所在学院（单位）提出申请，报学校相关部门论证、人事处审核同意，并签订任务合同后方可进入试验区从事创新创业工作。全职创业人员在创业期间实行工资返纳制度，创业结束后可转回原岗位。创业期每一期为3年，原则上不超过2期。

兼职从事创新创业工作的科技人员，须确保完成其承担的学校教学、科研任务，并须向所在学院（单位）提出申请，报学校相关部门论证、人事处审核同意，并签订任务合同。

五、对于全职或者兼职到试验区内开展创新创业的科技人员，建立相关岗位晋升通道，设立成果推广类教授、研究员、高级工程师等系列职称评聘机制。每年单列一定指标的高级职称岗位用于全职或兼职从事科技创新创业教师的职称评聘。

六、全职或兼职从事科技创新创业教师在学校岗位考核与职称评审时，将其创造的经济和社会效益、开发产品应用情况、专利成果转化情况、横向科研项目承担数量及金额，作为履行职责和专业技术职务晋升的主要依据。

七、学校设立流动岗位，吸引有创新实践经验的企业家和企业科技创新人才到校兼职，推动创新人才培养和创新创业工作。

学校鼓励试验区各机构聘用国内外高层次科技创新人才，形成专职的科技创新队伍。对试验区发展做出突出贡献的人员，可聘为学校兼职教授，承担研究生培养任务。

八、支持试验区建设，大力发展新型研发机构，完善技术转移转化体系。试验区各机构应根据自身实际情况，加大体制机制创

- 3 -

新力度，制定鼓励创新创业的相关政策，在人才引进、资金场地和项目争取等方面加大创新力度，全面提升科技成果转化、高新技术企业孵化和产业化的能力。

九、在知识产权关系明晰、指导教师及学院同意的前提下，鼓励并支持各类全日制在校学生携科技成果到试验区内进行在学创业或休学创业。鼓励本科生在创业过程中，继续修完规定课程；研究生应基本完成课程学习后方可申请创业。进行创业的学生在达到学校相关要求后方可毕业。

十、学校成立科技成果转化工作领导小组，由校长任组长，分管科研副校长任副组长，成员单位包括学校办公室、党委组织部、发展规划处、人事处、财务处、资产管理处、科学技术处、社会科学处、教务处、研究生院、校团委、学生工作处等，负责落实本意见并制定相关实施细则，协同推进科技成果转化与产业化。

华 南 理 工 大 学

2015 年 10 月 8 日

华南理工大学办公室　　主动公开　　2015 年 10 月 10 日印发

- 4 -

●学校于2015年10月在全国高校中率先出台了《关于服务创新驱动发展 进一步推进科技成果转化和创新创业的若干意见》（以下简称“华工十条”）。根据“华工十条”，学校设立了科技成果转化与创新创业试验区，支持科技人员全职或者兼职入驻创新创业试验区开展创新创业工作，并将大部分收益奖励给成果完成人及其团队；设立研究员、高级工程师等系列职称评聘机制，建立科技成果推广以及创新创业相关岗位晋升通道。

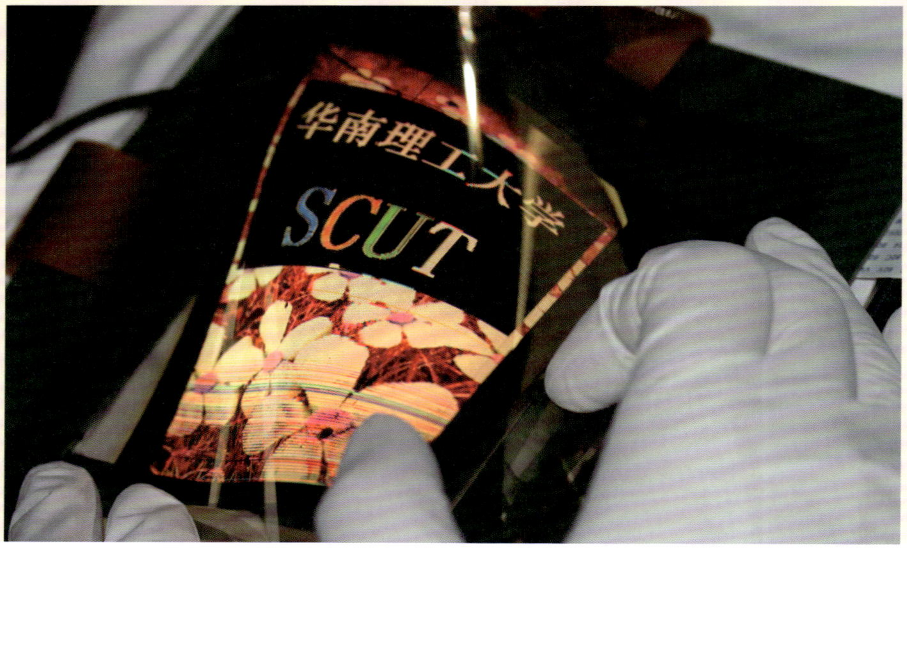

●2013年，学校成功研制出国内第一块彩色柔性AMOLED显示屏。2018年11月，国内首条基于氧化物TFT背板技术的电子纸产业化生产线在宁波正式落地。

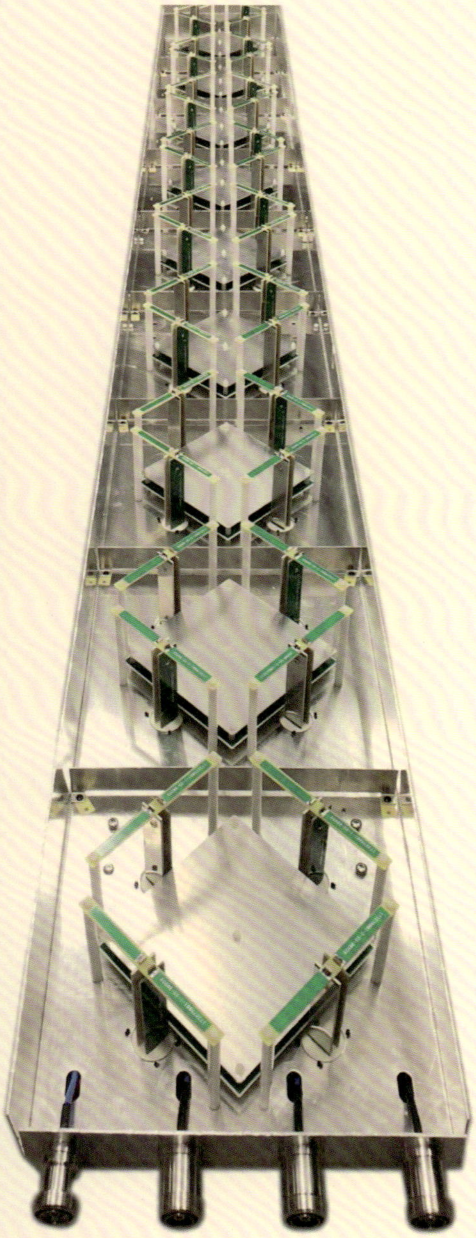

●2019年，学校与华为技术有限公司举行天线基础技术创新实验室签约仪式。以建立校企联合实验室为纽带，仅在2019年，学校与华为共签订了13份横向合同，合作总经费达到2168万元，合作领域涵盖5G通信、滤波技术、天线技术、声音算法、封装技术等。左图为实验室研发的集成滤波性能的双极化双波束天线阵列。

●2021年，学校与祥鑫科技股份有限公司共同建设“新能源汽车动力电池系统联合研发中心”，企业投入到校经费超千万元，致力于研究开发电动汽车电池箱体产品结构、动力电池包系统、电池热管理系统、轻量化汽车底盘结构件、储能系统关键技术与零部件等技术。图为新能源汽车电池箱体技术。

●华南理工大学以顶尖科研成果参与国家建设，在许多领域获得了广受中外赞誉的成就。图为2010年上海世界博览会主展馆——中国馆，该馆由何镜堂院士领衔的团队进行设计。“东方之冠，鼎盛中华；天下粮仓，富庶百姓”，这是极富中国建筑文化元素的红色“斗冠”向公众展示的深厚文化理念。

●学校主导、参与设计了青岛上合组织峰会会议中心、澳门大学横琴校区、港珠澳大桥、中国国家版本馆广州分馆等一批具有国际影响力的国家重大工程。

中国国家版本馆广州分馆

青岛上合组织峰会会议中心

4 合璧之美

2003年，学校启动大学城校区建设，推动向综合性、研究型、开放式大学的转变。2017年，学校与教育部、广东省、广州市共建广州国际校区，形成同城“一校三区”高水平办学新格局。

一校三区

五山校区 —— 优势工科

位于广州市天河区
占地面积约2800亩
1934年启用

大学城校区 —— 新兴学科

位于广州市番禺区广州大学城
占地面积约1700亩
2004年启用

广州国际校区 —— 交叉学科

位于广州市番禺区广州国际创新城
占地面积约1700亩
2019年启用

五山校区·笃行楼

●2004年7月，华南理工大学大学城校区落成，教学科研用地占地面积1221亩，学生生活用地占地面积456亩。同年9月8日，首批2568名新生入学。图为2003年10月18日新校区奠基典礼。

2014年9月12日，华南理工大学与广东省医学科学院（广东省人民医院）举行华南理工大学、广东省医学科学院、深圳宝能投资集团合作签约仪式暨华南理工大学医学院、华南理工大学生命科学研究院、广东省医学科学院和华南理工大学第一临床学院挂牌仪式。

四方共建

教育部、广东省人民政府、广州市人民政府、华南理工大学四方于2017年3月签署协议，共建华南理工大学广州国际校区，探索高等教育办学新路。

●2017年3月15日，教育部、广东省人民政府、广州市人民政府、华南理工大学在北京签署协议，共建华南理工大学广州国际校区。

合璧 · 智谷

广州国际校区是华南理工大学继五山校区和大学城校区之后建设的第三个校区，作为国家级校区，粤港澳大湾区、广东省、广州市重点项目，选址于广州市番禺区广州国际创新城南岸核心区，地处“一带一路”超级门户城市、粤港澳大湾区重要交通枢纽、广深港科技创新走廊，与广州大学城隔岸相望，与广州智慧城连成一片，具有“四横七纵”的综合交通路网系统，占地面积约1700亩，总建筑面积为109万平方米，由广州市政府采用“交钥匙工程”完成基础建设及配套。校区于2018年5月9日奠基，2019年8月正式启用，2018年开始招收研究生，2019年开始招收本科生。2022年，全面建成“中西合璧、博雅合璧、传统与现代合璧、科学与人文合璧”的校区。

在地国际化办学范式

办学范式
在地国际化

01

定义

立足中国实际，
融合世界先进教育理念，
引入全球优质教育资源，
提供沉浸式国际化成长环境，
使全体学生在本土接受国际化教育

02

实质

是基于办学要素的
全面国际化，
是一种更加开放的国际化，
是当今高等教育的发展方向

03

实践-Future计划

布局前沿（Frontiers）学科
依托I.F.创新工场（Innovation Factory）
创造一流（First-class）成果
培养引领未来（Future）的新工科国际化人才

三制
导师制
书院制
学分制

三化
个性化
交叉化
国际化

三跨
跨学科
跨国界
跨文化

三力
思想力
学习力
行动力

广州国际校区作为华南理工大学“新工科教育”的试验田和“在地国际化”的示范区，坚持“为未来而教，为未来而学”，从师资、课程、教材、环境等全方位全要素推进国际化人才培养，通过“8I”路径开展在地国际化办学实践，全面开启建设世界一流大学新征程。

“8I”路径支撑在地国际化办学实践

融通中外
International Curriculum System
构建与国际接轨的课程体系

全英授课
Interactive Teaching in English
“小班—探究”式学习，提供沉浸式国际化学习体验

英文原版教材
International Textbooks
帮助学生掌握学科领域世界前沿知识，洞见全球最新学术动向

覆盖51所国际合作高校
International Exchange Programs
拥有131个国际交流项目

AI赋能课堂
Intelligent Classrooms
智慧课室改变传统教学方式

搭建先进科研实践平台
Innovation Factory
打造七大科研平台及创新工场

实行“现代书院制+全员导师制”
Inclusive Student Community
尊重多元评价和个性发展

院士及顶尖学术大师领衔
International Staff & Faculty
汇聚国际化高水平师资

●2018年5月9日，华南理工大学广州国际校区启动建设会（奠基仪式）举行。

2018年5月9日，中外师生在奠基仪式现场合影庆祝。

●2018年8月16日，广州国际校区一期工程建设动员会在校区建设现场举行，校区建设工程正式启动。

●2019年3月22日，时任中共广东省委常委、广州市委书记张硕辅（前排右二），时任广州市市长温国辉（左二）就提升城市文化综合实力到广州国际校区开展专题调研。

●2019年8月20日，时任广州市副市长王东（左）代表广州市人民政府，与华南理工大学签署广州国际校区一期资产管理移交协议。

●广州国际校区作为省市重点项目，其建设高标准、高水平快速推进，369天建成50万平方米一期校园的创举，展现了新时代的“广州速度”。图为一期建成后的D3公共实验楼。

●2019年9月20日，广州国际校区2019级新生入学报到，图为师生在迎新现场一起为祖国送上祝福。

●2019年8月7日，华南理工大学广州国际校区区徽发布。区徽有“中文、传统华工蓝”（左）和“英文、华工红”（右）两种版本。区徽整体采用外圆内盾方案，蕴含文脉传承、中西合璧的设计理念：外圆式样来自华南理工大学校徽，示意以和为贵、不偏不倚的东方文化；内盾造型源自西方崇尚的传统骑士之风，象征谦恭自守、追求真理和捍卫正义的精神，同时也与“红色甲工”校徽元素一脉相承，代表着华南理工大学的百年办学历史。区徽中的石牌坊是华南理工大学标志性建筑之一，木棉花是广州市花，两者均来自华南理工大学校徽，寓意广州国际校区对华工历史和岭南文化的传承与弘扬。

●2019年9月29日，时值中华人民共和国成立70周年纪念日前夕，南粤大地秋风飒爽，天清地净。华南理工大学广州国际校区举行开学典礼，2419名入学广州国际校区的学生在国旗下见证这一历史时刻，开启人生新的征程。

●2020年6月，华南理工大学广州国际校区二期项目动工建设，向着全面建成国际一流校区再迈出一大步。

●2021年9月4—5日，广州国际校区首届综合评价招生的398名学生入学。

●2022年9月，在2022级新生开学典礼上，各界人士共同见证华南理工大学广州国际校区全面建成。

●广州国际校区设计特色鲜明，致力于打造智慧典雅的广州新名片。图为二期项目核心建筑E3图书馆外景。

成立10个新工科学院

- 未来技术学院
  - 未来技术前沿交叉研究院
- 前沿软物质学院
  - 华南软物质科学与技术高等研究院
  - 自旋科技研究院
- 生物医学科学与工程学院
  - 生物医药与再生医学粤港澳联合研究院
  - 肿瘤微环境研究所
- 海洋科学与工程学院
  - 华南海洋工程研究院

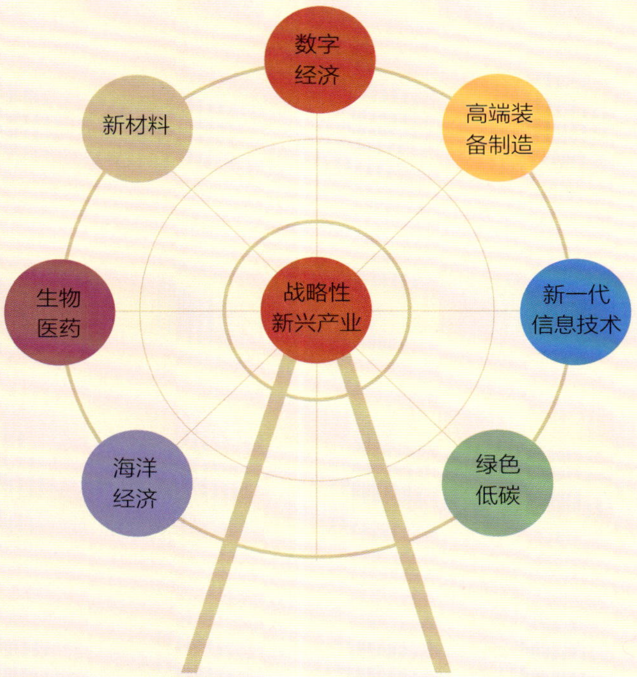

- 吴贤铭智能工程学院
  - 广州智能工程研究院
- 微电子学院/集成电路学院
  - 集成电路高等研究院
- 量子与光通讯工程学院
- 智慧城市学院
  - 华南岩土工程研究院
- 生态与环境学院
  - 碳中和研究院
- 电气工程与新能源学院

●2021年5月20日，教育部公布首批未来技术学院名单，华南理工大学未来技术学院成功入选（全国12所高校之一）。

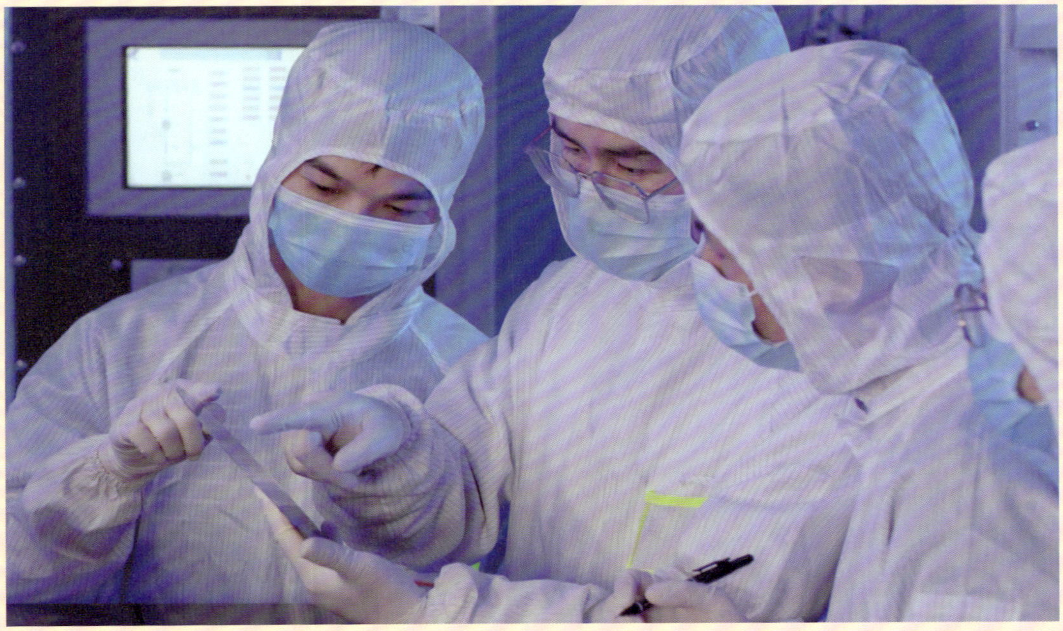

●2021年10月26日，华南理工大学获批集成电路科学与工程一级学科博士学位授权点（全国18所高校之一）。

现代书院制+全员导师制

作为教育部首批试点单位，广州国际校区“一站式”学生社区借助校区全新的物理空间布局，围绕立德树人根本任务，依托现代书院制和全员导师制，以峻德书院和铭诚书院为主要载体，为每名学生配备辅导员、班主任、学业导师、成长导师、朋辈导生，致力践行“学生永远在C位”的育人理念。

●学校以广州国际校区在地国际化实践为载体，成功获批为教育部高校思想政治工作创新发展中心。图为2019年5月8日，教育部高校思想政治工作创新发展中心（华南理工大学）揭牌。

●华南理工大学依托广州国际校区积极打造新时代“一站式”学生社区，从110所高校中脱颖而出，于2019年10月成功入选教育部首批“一站式”学生社区综合管理模式建设试点。

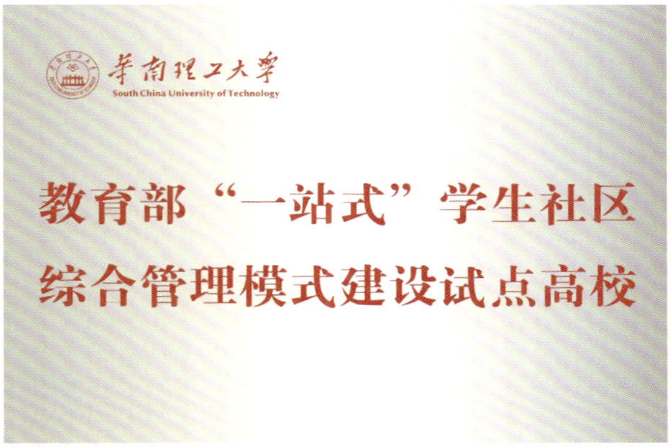

开放活校

●2001年11月22日，2000年诺贝尔化学奖获得者、日本科学家白川英树（Hideki Shirakawa）来校访问讲学。

●2001年5月15日，2000年诺贝尔化学奖获得者、美国科学家黑格（Alan J. Heeger）来校访问讲学，并被授予名誉博士学位。

●2002年8月26日，2001年诺贝尔化学奖获得者、日本名古屋大学名誉教授野依良治（Ryoji Noyori）（左）来校访问讲学，并受聘为名誉教授。

2003年12月4日，2002年诺贝尔经济学奖获得者、美国经济学家弗农·史密斯（Vernon L. Smith）来校讲学并受聘为顾问教授。图为弗农·史密斯教授（左三）与学校领导共同栽种“友谊树”。

●2011年12月9日，2006年诺贝尔生理学或医学奖获得者、美国科学院院士克雷格·梅洛（Craig C. Mello）（右）来校访问讲学，并受聘为名誉教授。

●2012年10月22日，2007年诺贝尔物理学奖获得者、法国物理学家阿尔贝·费尔（Albert Fert）来校访问讲学。

●2012年11月，华南理工大学携手罗格斯大学成立中美创新学院，两校已开展多层次的人才培养以及共建多领域的科研联合平台。2013—2019年，中美创新学院共派出学生283人赴美参加双学位联合培养。

●2018年6月，华南理工大学—西澳大学“中澳学院”在澳大利亚西澳大学揭牌。

●2019年，华南理工大学与澳门大学正式签署本科生“2+2”联合培养项目协议，这是粤港澳大湾区内高校合作的首个双向双学位本科联合培养项目。图为2018年8月，学校代表团访问澳门大学就合作项目展开磋商。

●2019年7月，华南理工大学与香港中文大学签署学术交流协议。

●2019年10月，当年诺贝尔生理学或医学奖得主格雷格·塞门扎（Gregg L. Semenza）来校访问，同时受聘为学校名誉教授。图为塞门扎在学校进行学术演讲。

●2020年12月，罗格斯大学副校长Eric Garfunkel（左三）一行来访华南理工大学，这是新冠肺炎疫情进入常态化防控阶段以来首位来访的国外高校代表。图为双方为罗格斯大学海外教学基地揭牌。

●2021年10月，华南理工大学与都灵理工大学共同签署两校校级合作、学生联合培养项目等一揽子合作协议，并为两校互设的海外交流基地揭牌。

●2022年7月，华南理工大学与意大利巴里理工大学举行“云会谈”，共同签署两校合作建设孔子学院的框架协议。

●2022年11月，华南理工大学与英戈尔施塔特工业技术大学举行奥迪孔子学院成立六周年暨英戈尔施塔特工业技术大学蒸汽车模型赠送仪式。

全球合作伙伴

华南理工大学与200多所世界知名大学、科研院所及企业建立了实质性合作伙伴关系，在人才培养、教学科研、社会服务和文化传承等领域开展平等互鉴、互惠合作。

华南理工大学全球主要合作伙伴（截至 2022 年10月）

学校境外合作伙伴（部分）

加拿大
多伦多大学
英属哥伦比亚大学
麦克马斯特大学
阿尔伯塔大学
滑铁卢大学
韦仕敦大学
阿卡迪亚大学

丹麦
丹麦技术大学
南丹麦大学

芬兰
阿尔托大学
埃博学术大学
拉彭兰塔工业大学

德国
慕尼黑工业大学
亚琛工业大学
柏林工业大学
英戈尔施塔特工业技术大学
波恩－莱茵－锡格应用技术大学

法国
巴黎大学
格勒诺布尔综合理工学院
里昂第一大学
图卢兹大学
巴黎综合理工学院
南特大学（南特综合理工学院）
法国电子与计算机信息工程师学院
法国鲁昂高等工程师学院
巴黎高等电子学院

美国
哈佛大学
加州大学伯克利分校
加州大学洛杉矶分校
加州大学圣地亚哥分校
密西根大学
威斯康星大学麦迪逊分校
明尼苏达大学（双城校区）
德州大学奥斯汀分校
伊利诺伊大学香槟分校
加州大学圣塔芭芭拉分校
加州大学尔湾分校
普渡大学
凯斯西储大学
佐治亚理工学院
莱斯大学
罗格斯大学
北卡罗来纳州立大学
加州大学河滨分校
密苏里大学
马里兰大学
华盛顿州立大学
佛罗里达国际大学
德州大学圣安东尼奥分校
爱达荷大学
纽约州立大学
阿克伦大学
匹兹堡州立大学

比利时
根特大学
鲁汶大学
布鲁塞尔自由大学

西班牙
维戈大学
加泰罗尼亚理工大学

英国
剑桥大学
牛津大学
伦敦大学学院
帝国理工学院
曼彻斯特大学
爱丁堡大学
伦敦国王学院
布里斯托大学
伯明翰大学
利兹大学
利物浦大学
卡迪夫大学
格拉斯哥大学
伦敦玛丽女王大学
兰卡斯特大学
伦敦政治经济学院

葡萄牙
里斯本理工大学
里斯本大学学院

瑞典
瑞典皇家理工学院
林雪平大学

印度尼西亚
建国大学

荷兰
阿姆斯特丹自由大学
瓦格宁根大学
代尔夫特理工大学

俄罗斯
圣彼得堡国立大学
新西伯利亚国立大学
莫斯科鲍曼国立技术大学
乌拉尔联邦大学
圣彼得堡国立信息技术机械与光学大学
圣彼得堡国立技术大学
莫斯科航空航天学院
东北联邦大学

意大利
罗马大学
帕多瓦大学
都灵理工大学
费拉拉大学
巴里理工大学

匈牙利
罗兰大学
潘诺尼亚大学
赛格德大学

越南
越南东方大学
越南商业大学
越南河内开放大学

泰国
玛希隆大学
宋卡王子大学
东方皇家理工大学

马来西亚
博特拉大学

以色列
耶路撒冷希伯来大学
以色列理工学院
海法大学

日本
东京大学
东京工业大学
大阪大学
东北大学
九州大学
北海道大学
早稻田大学
广岛大学
千叶大学
长崎大学
大阪府立大学
首都大学东京
立命馆大学
岩手大学
电气通信大学
长崎外国语大学

澳大利亚
墨尔本大学
昆士兰大学
新南威尔士大学
悉尼大学
莫纳什大学
西澳大学
科廷大学
格里菲斯大学
纽卡斯尔大学
阿德莱德大学

韩国
汉阳大学
延世大学
庆熙大学
建国大学
韩国电子部品研究院
韩国海洋大学
韩国科学技术院

沙特阿拉伯
阿卜杜拉国王科技大学

奥地利
奥地利帕丽斯・洛德伦萨尔茨堡大学

新西兰
奥克兰大学
林肯大学

新加坡
新加坡国立大学
南洋理工大学

5 强基铸魂

学校坚持把正确政治方向贯穿办学育人全过程，发挥党建引领作用，办好让党放心、让人民满意的大学。

●学校获授“党的建设和思想政治工作（1993—1998）先进高等学校”称号。

●学校党委坚持强基础和树品牌两手抓，2018—2022年，建筑学院党委、机械与汽车工程学院党委、食品科学与工程学院党委先后入选“全国党建工作标杆院系”培育创建单位，机械与汽车工程学院本科生第三党支部、马克思主义学院基础教研室党支部、食品科学与工程学院本科生党支部、生物科学与工程学院发酵工程博士党支部、材料科学与工程学院国重光电系党支部先后入选“全国党建工作样板支部”培育创建单位。图为机械与汽车工程学院本科生第三党支部开展主题党日活动。

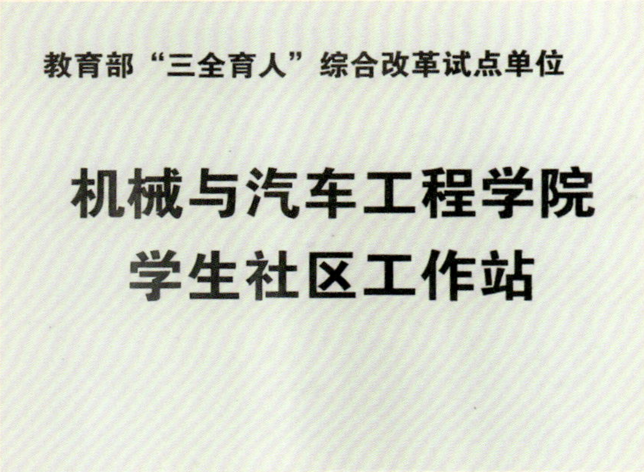

●2019年，学校机械与汽车工程学院获批教育部“三全育人”综合改革试点单位。

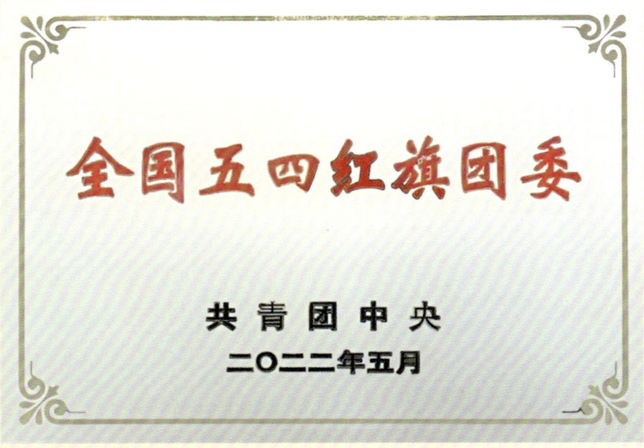

●2022年，学校团委荣获“全国五四红旗团委”称号。

华南理工大学连续五年荣获教育部直属高校精准帮扶典型项目：

2017年获奖项目："'五位一体'精准扶贫 协调推进乡村治理"；

2018年获奖项目："打造'一体化'全域规划 构建'扶贫链'造血机制"；

2019年获奖项目："以智提质、聚财育才，品牌引领助力云县长振兴"；

2020年获奖项目："从重点涉毒村到美丽红色村的蝶变——华南理工大学牵头组团高校帮扶孔美村打造定点帮扶新模式"；

2021年获奖项目："首创'碳中和新乡村' 构建生态资源资产化乡村绿色发展新模式"。

●2021年，华南理工大学驻惠来县隆江镇孔美村扶贫工作队获评"全国脱贫攻坚先进集体"，为广东省唯一入选的高校驻村工作队。

●2019年4月20—22日，学校党委书记章熙春赴云南省临沧市参加教育部滇西脱贫攻坚部际联系会和教育部直属系统扶贫工作推进会，并到学校定点帮扶的临沧市云县调研。图为章熙春书记深入云县偏僻山村实地调研。

●2019年11月，学校党委书记章熙春带队赴揭阳市调研指导学校定点帮扶惠来县孔美村的扶贫工作，围绕脱贫攻坚、乡村振兴、科技合作等内容进行深入交流，推动校地深化合作，促进共同发展。图为章熙春书记看望驻村工作队。

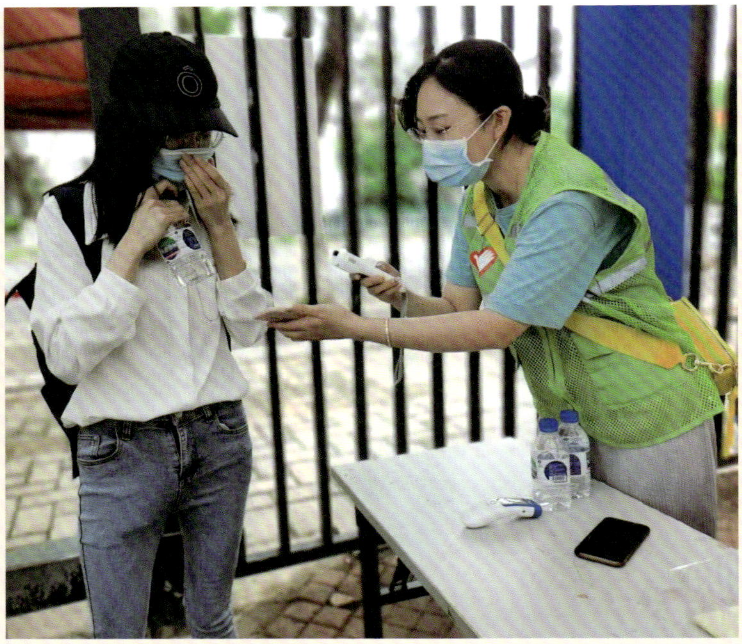

●2020年2月19日，学校组建新冠肺炎疫情防控“党员突击队”“青年战疫突击队”，参与防疫检查、相关政策宣传，协同做好相关工作，夯实疫情防控一线。

●2020年2月24日，学校举行“同心战疫 众志成城”万千师生新学期“云升旗”仪式，网络点击量近亿人次。

2021年7月1日，庆祝建党100周年升旗仪式暨红色基因传承工程启动仪式在五山校区1号楼广场举行。

2022年11月17日，学校在一校三区、线上线下同步举行庆祝华南理工大学组建70周年暨建校105年升旗仪式。

全国文明校园
中央精神文明建设指导委员会
2017年11月
广东省
文明校园
广东省精神文明建设委员会
二〇一七年八月
華南

大學

博學
慎思
明辨
篤行

第四章

百年初心 启新程

回首来时路，方知向何行。时间长河奔涌，信念之火永存。迈入新百年新阶段，华工人用红色基因筑牢理想信念、用红色资源凝聚奋斗力量，牢牢把握立德树人根本任务，以“双一流”建设和广州国际校区建设为“双引擎”，按照学校第十七次党代会擘画的“一五三八一”战略部署，乘势而上、接续奋斗，在立足新发展阶段、贯彻新发展理念、服务构建新发展格局的进程中谱写加快建设世界一流大学的新篇章。

矢志不渝的坚守，终成今日之万千气象。学校培养的57万优秀学子，刚健有为、意气风发，在寻根中扎根，在可为中有为，在追梦中圆梦。肩负着前辈先贤的嘱托与厚望，擎起新时代的使命与担当，步履铿锵，向新出发！

1 击鼓催征

学校第十七次党代会明确了“到本世纪中叶，全面建成中国特色、世界一流大学”的奋斗目标，擘画了未来改革发展的“一五三八一”战略部署，谋划确立“三步走”战略。

一 高举“一面旗帜”

习近平新时代中国特色社会主义思想伟大旗帜

五 深化“五大建设”

学术华工　开放华工　善治华工　幸福华工　大美华工

三 实现“三个领先”

- 在为党育人、为国育才上实现领先
- 在服务国家战略、引领区域发展上实现领先
- 在高等教育路径创新、模式创新上实现领先

八 全力推动“八项重点任务”

- 以一流标准建设广州国际校区
- 面向未来培养一流人才
- 突出优势建设一流学科
- 厚植基础建设一流队伍
- 创新驱动产出一流成果
- 推动更高水平的开放合作
- 建设更加完备的治理体系
- 孕育更加繁荣的大学文化

一 坚定不移纵深推进全面从严治党

五山校区·东湖

2 勇攀高峰

2050

全面建成
中国特色、世界一流大学

更多学科进入
世界一流学科行列和前列

2035

初步建成
中国特色、世界一流大学

广州国际校区
率先进入世界一流

2020

全面建成
国内一流世界知名高水平研究型大学

4～6个学科率先进入世界一流前列
（已提前实现）

3 面向未来

广州国际校区秉持“卓尔不凡　臻至一流”的定位，汇集全球创新要素，畅通创新链条，使校区成为集聚国际高水平团队、培养新工科领军人才、开展深度国际合作、聚焦前沿科学研究、推进高端成果转化和创新创造创业的高地。

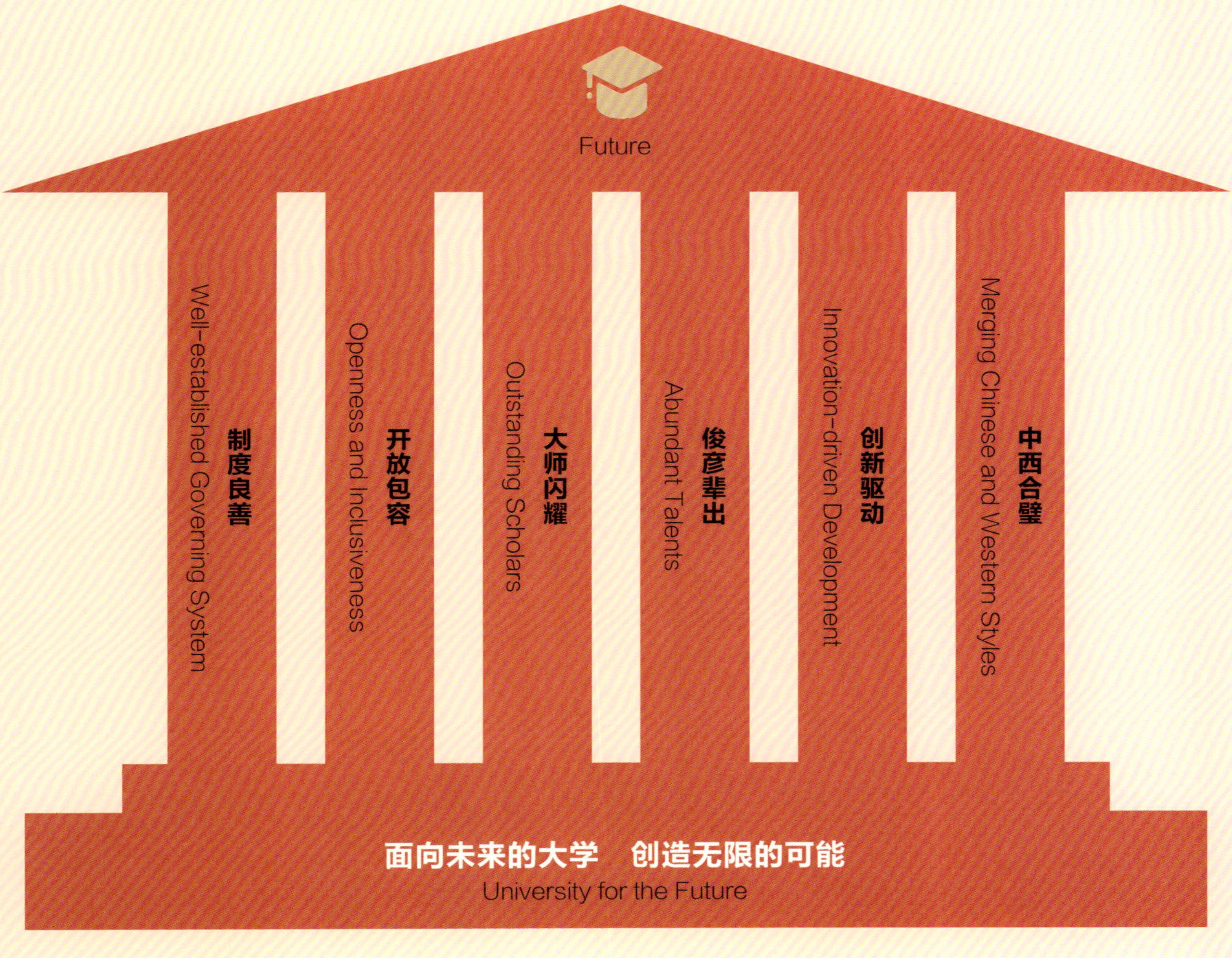
Future
制度良善
Well-established Governing System
开放包容
Openness and Inclusiveness
大师闪耀
Outstanding Scholars
俊彦辈出
Abundant Talents
创新驱动
Innovation-driven Development
中西合璧
Merging Chinese and Western Styles
面向未来的大学 创造无限的可能
University for the Future

华南理工大学科技园

以“双一流”建设和广州国际校区建设为双引擎，牢记空谈误国、实干兴邦，坚定信心、同心同德，埋头苦干、奋勇前进，勇当粤港澳大湾区高等教育发展的排头兵，向着中国特色、世界一流大学的目标奋力奔跑！

博學慎思明辨篤行

| 附 录 |

桃李飘香

新能源汽车领域的
“黄埔军校”

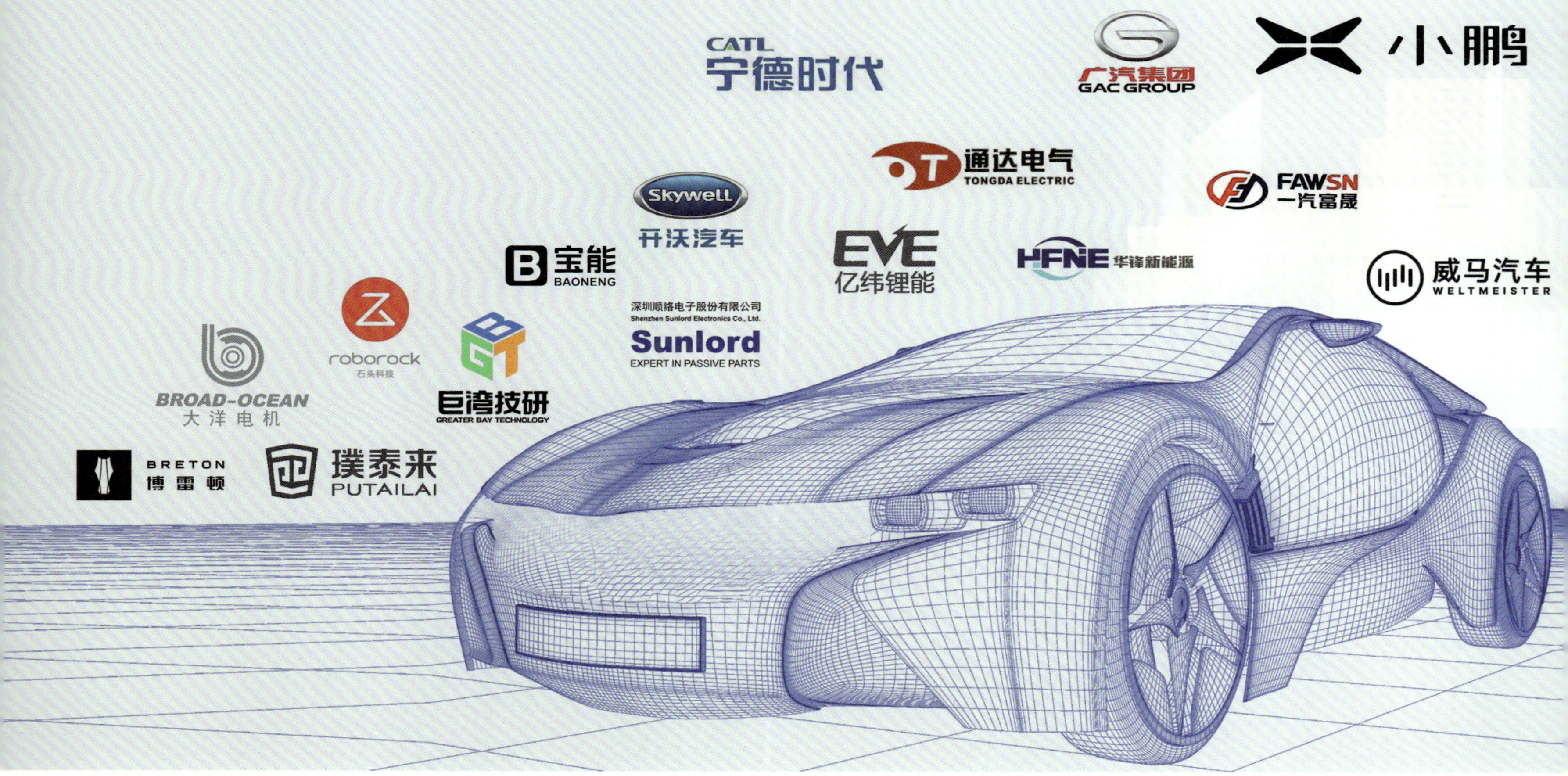

作为新能源汽车领域的“黄埔军校”，

华南理工大学为新能源汽车产业培育了一批又一批富有远见、

勇抓机遇的汽车人，

支撑起新能源智能汽车领域的“半壁江山”，

他们携手共创了中国新能源汽车板块的从0到1。

勇担时代之任 共奏抗疫之歌

新冠肺炎疫情突如其来席卷全球，

华工人在疫情中坚守道义与责任，

同心战疫情、众志成城，

成为建设祖国、共克时艰的中坚力量。

雷神火神，尽显担当

李东生校友及校友企业TCL集团宣布捐赠现金**1000万元**，同时提供筹建火神山医院、雷神山医院所需的公共显示LCD设备、空调、冰箱、洗衣机等。

何新明校友及校友企业东鹏控股股份有限公司向雷神山医院捐赠了价值**300余万元**的卫浴产品，公司紧急备货从佛山、合肥装车，连夜运往武汉，为国家抗击疫情贡献力量。

张宇涛校友及校友企业广州三雄极光主动联系火神山医院建设者中建三局，针对性设计定制灯具，并赶在医院建好之前将照明产品**火速送到**现场。

校友企业格力电器、校友企业创维集团捐赠新风空调、空气净化器、病房专用电视、大屏显示电视等物资，助力两医院尽快完善**基础设施**。

风雨同担，心系天下

吴育林校友充分发挥企业创新科技研发优势，围绕防疫产品和防疫环节积极创新。

林明松校友购买口罩等医疗防护物资，用以慰问广州的镇级医院和在村口值班的工作人员。

危志强校友带领集团迅速加入疫情防控的大军队列中，不言得失投入巨资生产口罩。

吹响驰援企业的集结号

广州**万孚生物**技术股份有限公司向各省发热门诊、定点医院捐赠了价值约3000万元的近千台仪器和试剂，并在全国范围内搭建200个1平方米的POCT伴随快检室。

2020年，麦伯良校友带领**中集集团**先后交付了香港八乡少年警讯临时检疫中心120个单位及香港竹篙湾检疫中心3A项目857个检疫单位的任务。

黄建平校友带领广东**马可波罗**陶瓷有限公司迅速整合各方资源，连日来从海内外加急采购应急物资运往湖北，为抗击疫情贡献自己的一份力量。

陈盛钧校友带领着公司科技智能研发骨干连夜研发**“I AM OK”**等疫情报平安系统，并向母校及其他高校捐赠公共区域防疫智能体温识别及报警系统。

50万只口罩、40万瓶矿泉水、1万个KN95口罩、1万只丁腈手套……**金发科技**多次向学校捐赠，以科技助力抗击疫情。

吴伟文校友、叶荣华校友、朱卓业校友、王杨校友齐心协力打造出了一条由华工人自主创造的从原料采购到正式投产的**口罩生产线**。

扎根基层
奉献最美青春

让青春在祖国和人民最需要的地方绽放绚丽之花

徐　航

创新推出“劳务输出十步工作法”

“全国脱贫攻坚先进个人”“造血式扶贫”

杨曙方

小蓝莓富了上下文村　一颗蓝莓带动九省万人脱贫

“全国脱贫攻坚先进个人”

叶飞燕

心系群众，帮助村民脱贫致富

广西壮族自治区脱贫攻坚先进个人

谢　坚

一个人坚守海岛邮局见证社会巨变

全国人大代表、珠海市外伶仃邮政营业所营业员

李　莎

定格在大山深处的青春之歌

“西部计划志愿者”“中国好人榜”“最美大学生”

『新生代』的创业传奇

迈普再生医学

袁玉宇

“发展是第一要务，人才是第一资源，创新是第一动力。”总书记的话始终激励我继续前行。

优视科技

梁　捷

从UC到神马，华园创业者的人生轨迹

有米科技

陈　第

顺势而为，迎接下一个风口

齐悟科技

王　一

专注智能对话操作系统研发，与AI对话的弄潮儿

翎客航天

胡振宇

“火箭小子”的太空梦想

芬芳环保

胡大为

从跳级学霸到环保公司老板

荔枝微课

黄　冠

幸福于他人幸福的创业者

音书科技

陈国强

我，想看见你的声音

一鸣惊人

吴　鸣

从设计师到创业者，披荆斩棘，奋然向前

L3 Bioinformatics

罗锐邦

“华南理工大学—华大基因研究院”基因组科学创新班第一届学员

学界翘楚（部分）

他们是学界翘楚，“院士”称谓是给予他们的至高赞誉。他们推动着民族乃至全人类的进步，对学术的热爱与追求让他们永远散发光芒。

莫伯治
1936 年毕业于国立中山大学土木建筑系，1995 年当选为中国工程院院士。

容柏生
1953 年本科毕业于土木工程系，1995 年当选为中国工程院院士。

党鸿辛
1953 年本科毕业于化学工程系，1997 年当选为中国科学院院士。

姜中宏
1953 年本科毕业于化工系，1999 年当选为中国科学院院士。

孟执中
1956 年本科毕业于无线电广播及通讯专业，2003 年当选为中国工程院院士。

张佑启
1958 年本科毕业于土木工程专业，1999 年当选为中国科学院院士。

唐本忠
1982 年本科毕业于高分子科学与工程专业，2009 年当选为中国科学院院士。

侯一钊
1982 年本科毕业于应用数学专业，2011 年当选为美国艺术与科学院院士。

孙大文
1982 年本科毕业于塑料机械与加工专业，2011 年当选为欧洲人文和自然科学院院士。

陈　峰
1983 年本科毕业于微生物工程专业，2008 年当选为美国医学和生物工程院院士。

董绍明

1984 年本科毕业于无机非金属材料专业，2019 年当选为中国工程院院士。

傅正义

1984 年本科毕业于无机非金属材料专业，2021 年当选为中国工程院院士。

李元元

1987 年硕士毕业于铸造专业，2013 年当选为中国工程院院士。

王双飞

1995 年博士毕业于制浆造纸工程专业，2021 年当选为中国工程院院士。

吴清平

1999 年博士毕业于发酵工程专业，2015 年当选为中国工程院院士。

军政精英（部分）

他们满怀爱国热情，严谨务实、博学儒雅、果敢刚毅。他们或为人民军队将领，运筹帷幄，戎马一生；或为党政领导，服务人民，天下为公。

柳河生

1961 级橡胶塑料机械专业，少将

魏　钢

1970 级机械制造专业，少将

刘真学

1974 级工民建专业，少将

徐宏亮

1976 级自动控制专业，少将

汪象华

2003 级管理科学与工程专业（博士），少将

成思危

1952 级无机物工专业，第九、十届全国人大常委会副委员长，曾任中国民主建国会中央委员会主席

张群山

1972 级机械制造工艺及设备专业，贵州省关工委常务副主任，曾任贵州省人大常委会党组书记、副主任

陈　成

1974 级无机化工专业，曾任海南省政协副主席、党组副书记

李卓彬

1977 级建筑学专业，致公党中央副主席，中华全国归国华侨联合会专职副主席

许瑞生

1979 级建筑学专业，广东省政协副主席

梁伟发

1982级工业企业管理专业，曾任广东省政协副主席、党组副书记

温国辉

1987级工业管理工程专业（硕士），广东省政协副主席、党组成员

蓝佛安

2006级行政管理专业（硕士），第二十届中央委员，山西省委副书记、省长，省政府党组书记

徐文海

2008级行政管理专业（硕士），湖北省政府副省长、党组成员，省公安厅党委书记、厅长、督察长，省委政法委员会第一副书记

企业领袖（部分）

他们以睿智勇立商海，掌舵知名企业，缔造民族品牌；他们放眼世界，引领科技，争做新兴产业领头羊；他们既是财富的创造者，也是社会责任的承担者。

蔡建中
1956 级建筑学专业，香港互太纺织控股有限公司董事局永远荣誉主席

张海明
1972 级无机化工专业，美国 AEM 公司董事长

谭任中
1956 级工民建专业，澳门中建建筑设计公司创始人

宁一海
1976 级电真空器件专业，海茂能源冶金集团有限公司董事局主席

廖清清
1963 级无机物工学专业，深圳信立泰药业股份有限公司实际控制人之一

李东生
1977 级无线电技术专业，TCL 集团股份有限公司董事长

王杏生
1963 级无机物工学专业，泰国南才实业有限公司董事长

霍东龄
1977 级无线电技术专业，京信通信系统控股有限公司董事会主席

朱江洪
1965 级金属热处理专业，珠海格力电器原董事长

麦伯良
1977 级机械制造工艺及设备专业，中国国际海运集装箱（集团）股份有限公司总裁、首席执行官

黄宏生

1977 级无线电技术专业，创维集团创始人，南京金龙客车有限公司董事长，开沃新能源汽车公司董事长

陈伟荣

1977 级电工理论及技术专业，广东微容电子科技有限公司创始人，康佳集团前总裁

袁金钰

1977 级铸造专业，顺络电子董事长

刘石伦

1977 级汽车专业，新豪方集团董事长

梁　伟

1977 级无线电技术专业，德生通用电器制造有限公司董事长

张澍生

1978 级有机化工专业，南海南光化工包装有限公司总经理

毕亚雄

1978 级电力系统及自动化专业，原南方电网董事、党组副书记

李锦生

1978 级制糖专业，东糖集团总裁

易贤忠

1978 级计算机及应用无线电专业，百奥泰生物制药股份有限公司董事长

简伟文

1979 级锻压工艺及设备专业，佛山市南海奔达模具公司董事长、总经理

王　斌

1979 级机械制造专业，中国旅游集团有限公司副总经理

李　华

1980 级机械制造工艺设备及自动化专业，卓越集团董事局主席

敖小强

1981 级化工自动化及仪表专业，北京雪迪龙科技股份有限公司董事长、总经理

黄建平

1981 级无机非金属专业，马可波罗控股股份有限公司董事长

莫天全

1981 级机械制造工艺专业，中指控股董事长，房天下创始人、原董事长兼 CEO

郭建基

1981 级陶瓷专业，广东森岛集团有限公司董事长

王伟贤

1981 级陶瓷专业，越南 AKR 有限公司董事长

莫道明

1982 级塑料机械专业，广州昊源集团有限公司董事长

李永喜

1982 级电机及电器专业，广州市金誉实业投资集团董事长、总裁

刘毅翔

1983 级建筑结构专业，香港龙翔集团投资有限公司董事长

杨　敏

1985 级机械专业，澳中财富集团主席

陈丽娜

1986 级液压传动及气动专业，广州通达汽车电气股份有限公司董事长

冼剑雄

1986 级建筑学专业，广州市冼剑雄联合建筑设计事务所执行合伙人

李漫铁

1986 级无线电技术专业，雷曼光电董事长兼总裁

郝镇熙

1987 级电子材料与元器件专业，珠海和佳医疗设备股份有限公司董事长、总裁

李连柱

1987 级机械制造专业（硕士），广州尚品宅配家居股份有限公司董事长

沈晖

1987 级工程力学专业，威马汽车创始人、董事长兼 CEO

张宇涛

1987 级继续教育学院计算机及应用专业，广东三雄极光照明股份有限公司董事长、总经理

姚振华

1988 级工业管理工程专业和食品工程专业（双学位），深圳宝能投资集团董事长

何小鹏

1995 级计算机及应用专业，广州小鹏汽车科技有限公司董事长兼 CEO

袁玉宇

1998 级生物工程专业，广州迈普再生医学科技股份有限公司董事长

曾毓群

1998 级电子与信息工程专业（硕士），宁德时代新能源科技股份有限公司董事长

温志芬

2000 级工商管理专业（硕士），广东温氏食品集团股份有限公司董事长

刘金成

2001 级高分子化学与物理专业（博士），亿纬锂能创始人、董事长兼总裁

曾庆洪

2002 级工商管理专业（博士），广州汽车集团股份有限公司董事长

世界冠军（部分）

华南理工大学一直以来都有崇尚体育运动的传统，作为国家教育委员会1987年公布的首批54所试办高水平运动队的院校之一，多年来培养了不少运动健将，在国内外比赛中成绩辉煌。

刘　虹

2005级工商管理专业，2015年打破女子20公里竞走世界纪录，2016年获得里约奥运会女子20公里竞走冠军，2019年获得多哈田径世锦赛女子20公里竞走冠军。

赵　菁

2005级工商管理专业，2008年与队友共同获得北京奥运会女子游泳4×100米混合接力铜牌并破亚洲纪录，2013年获得巴塞罗那游泳世锦赛女子50米仰泳冠军。

刘诗雯

2010级工商管理专业，2016年与队友共同斩获里约奥运会乒乓球女子团体金牌，实现奥运会乒乓球女团三连冠。2019年获得女子乒乓球世界杯冠军，成为女乒世界杯历史上第一位“五冠王”。

陈　定

2011级运动训练专业，2012年获得伦敦奥运会男子20公里竞走冠军，改写了中国男子竞走队在奥运会上无金牌的历史。

五山校区：8号楼、9号楼建筑

华园记忆

华南工学院铜质白搪瓷校章
（该版本在1970年8月前供学生使用）

华南工学院正门，摄于1983年

华南理工大学正门，摄于1989年

1992年第一版校徽

2006年第二版校徽

2022年启用第三版校徽

華南工院

第一期

本院于十七日舉行首屆開學典禮

十八日起各系已正式上課

《华南工院》报1952年创刊号

《华南工学院学报》1957年创刊号

华南工学院铝质红色校章
（该版本自1979年起供教职工使用）

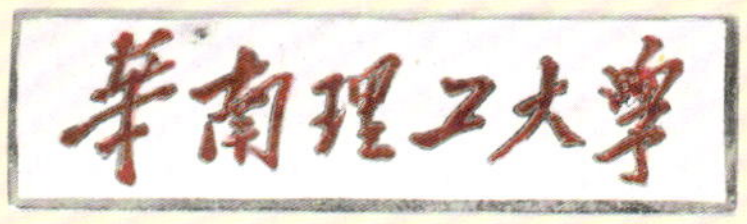

华南理工大学铝质白色校章
（该版本自1988年起供普通本科生使用）

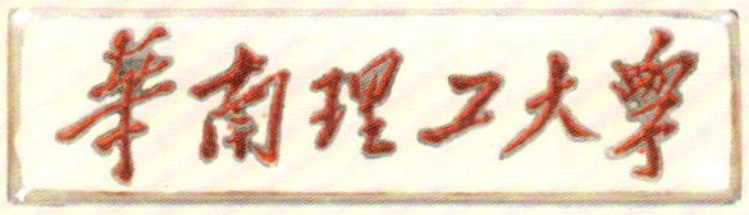

华南理工大学铝质浅黄色校章
（该版本自1988年起供研究生使用）

华南理工大学正门，摄于2004年

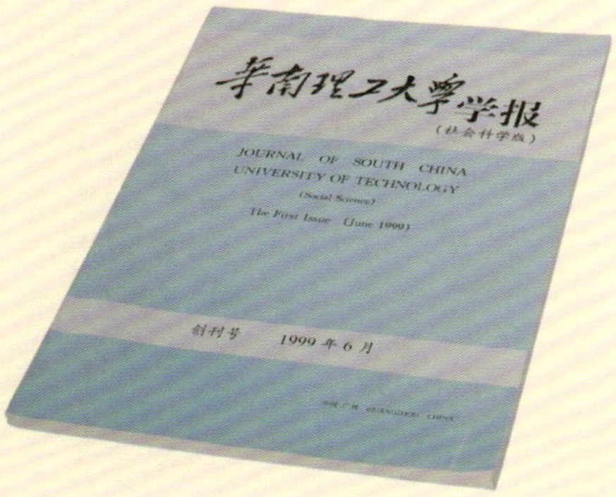

《华南理工大学学报》
（社会科学版）1999年创刊号

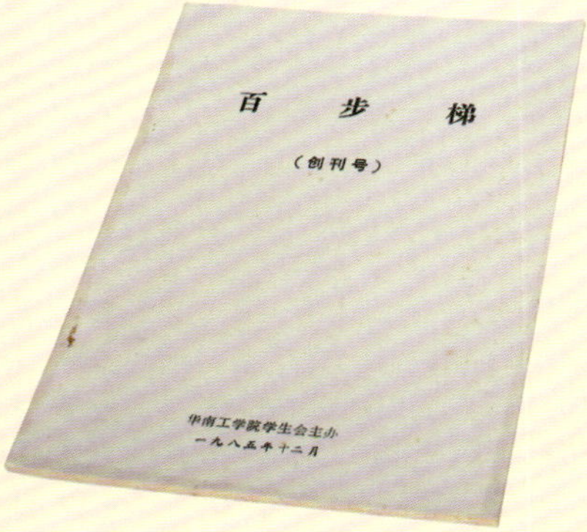

校园刊物《百步梯》
1985年创刊号

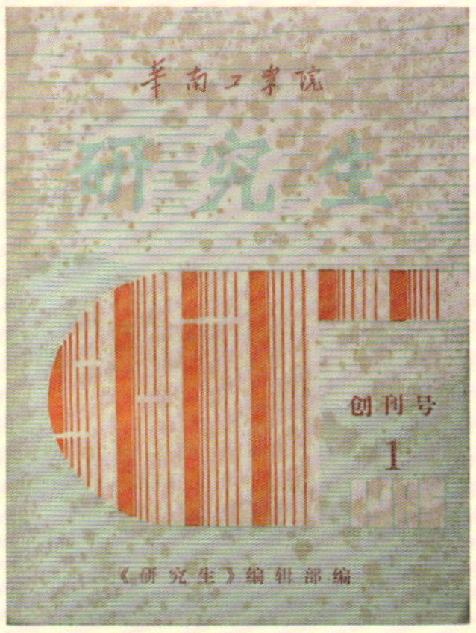

校园刊物《研究生》
1985年创刊号

校园刊物《展翅》
1986年创刊号

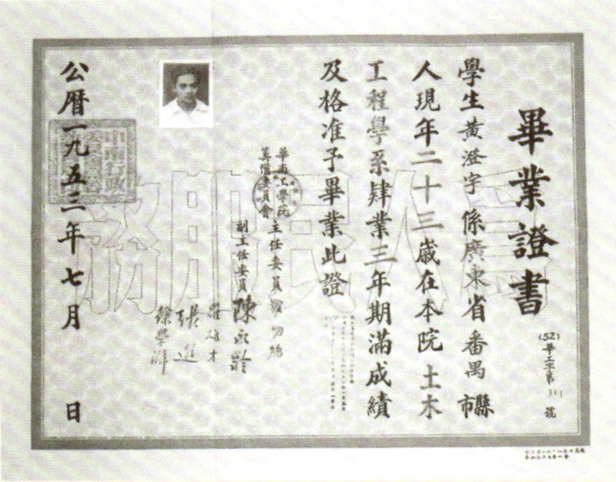
(52)華工字第311號

畢業證書

學生黃滢宇係廣東省番禺縣市人現年二十三歲在本院土木工程學系肄業三年期滿成績及格准予畢業此證

華南工學院籌備委員會
主任委員
副主任委員

公曆一九五三年七月 日

1953年7月，罗明燏签发的华南工学院第一届毕业生的毕业证书

1953年3月，华南工学院电机系首届毕业生留念

华南工学院早年学生毕业合影照片

学生泛舟西湖，摄于1959年

1959年，学生在6号楼前合影

1960级硅酸盐专业同学在老师带领下认识矿石

1960年，师生们群策群力建成化工机械厂

1975年，学校无机化工专业师生和南海化肥厂的工人、技术员一起研制合成氨预还原触媒

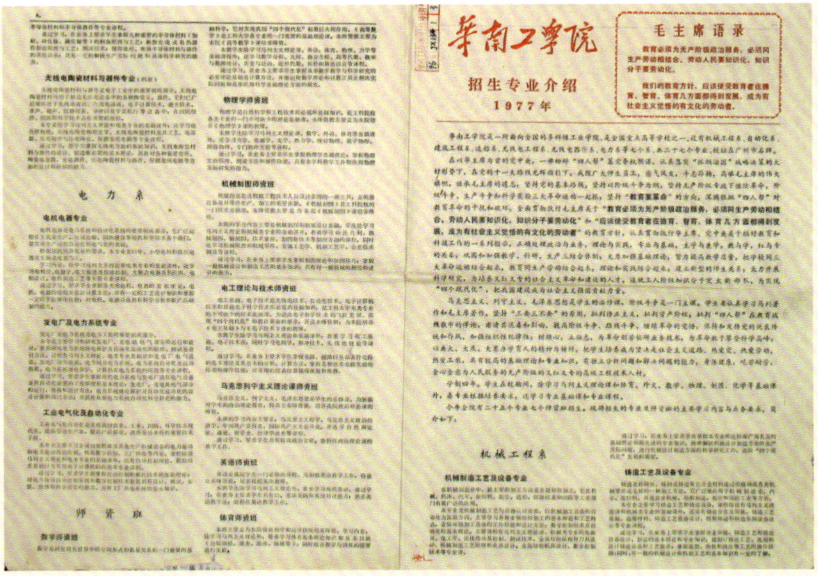

1977年招生简章

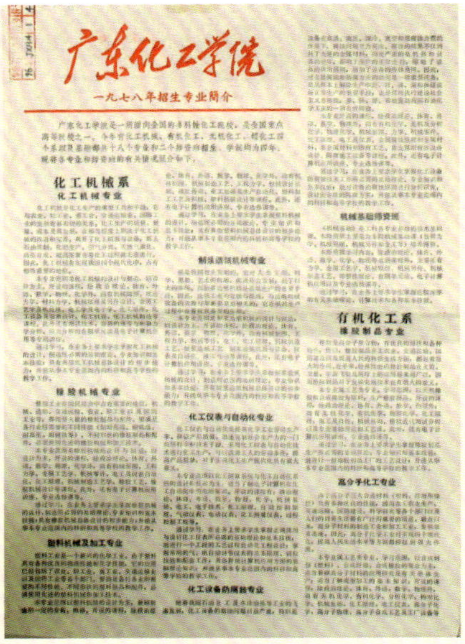

1978年招生简章

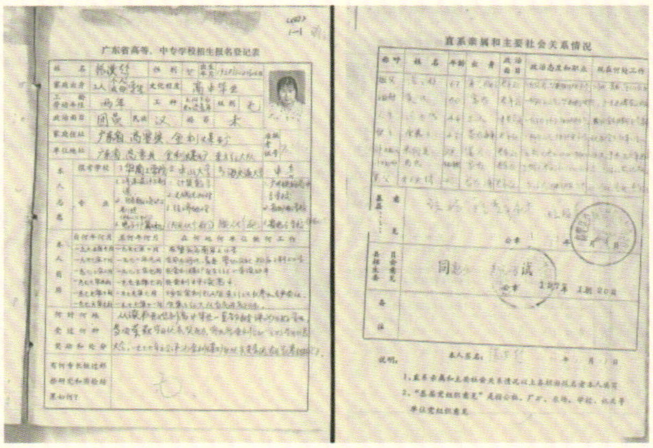

高考报名表

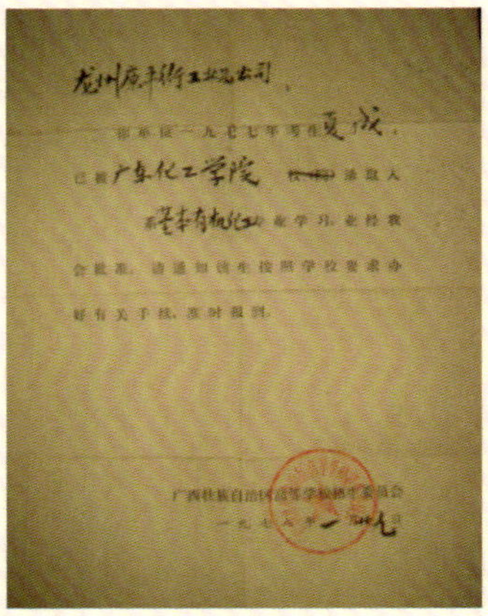

录取通知书

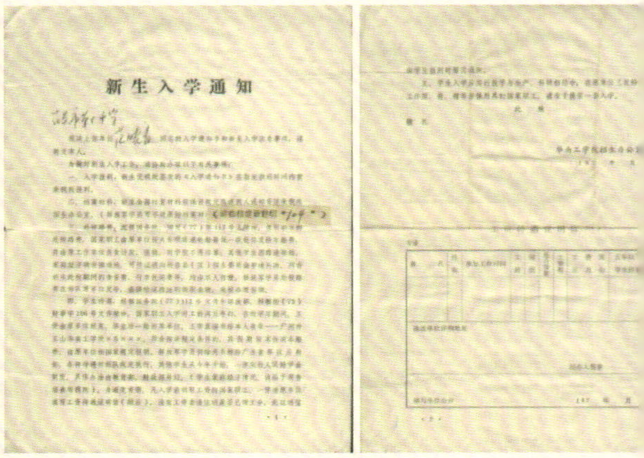

新生入学通知

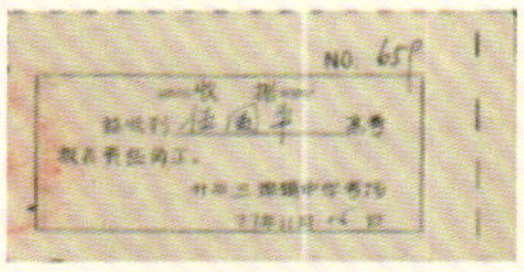

高考报名费收据

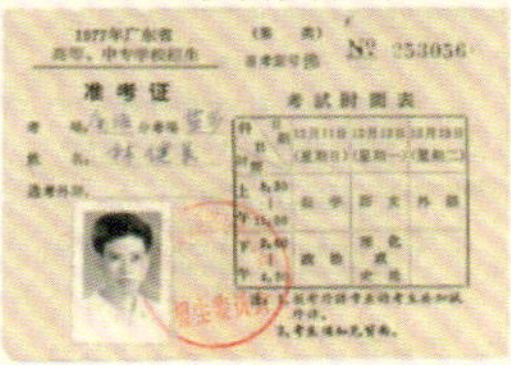

1977年高考准考证

1978年高考准考证

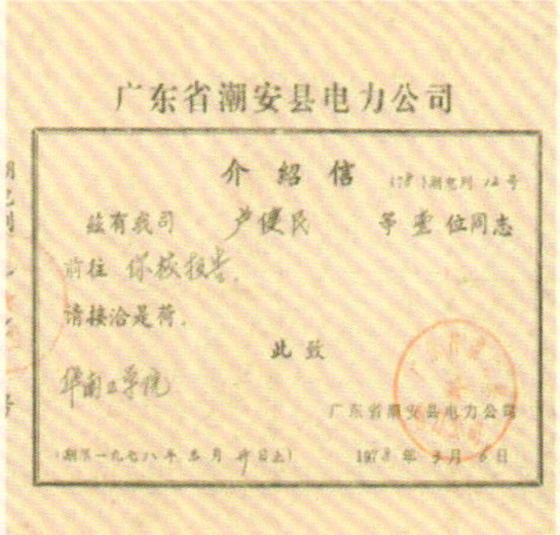

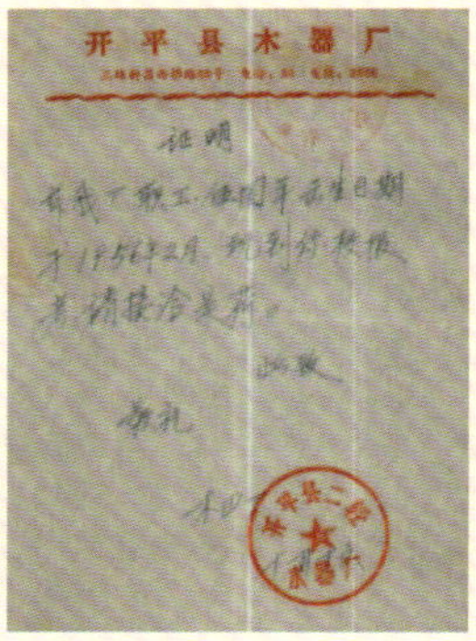

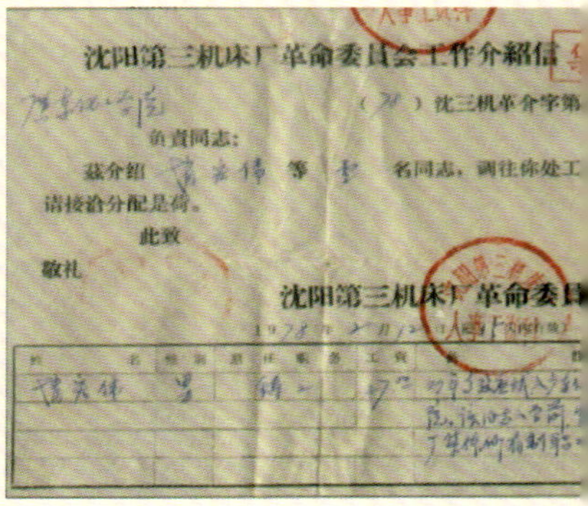

入学报名介绍信（三份）

1977级微生物工程专业学生入学集体照

部分1977级高分子系橡胶制品专业同学在校门口合影

10477班全体女生合影

阅览证

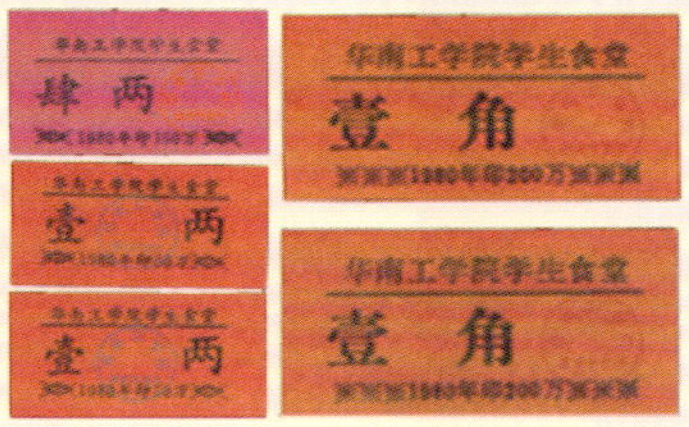

饭票

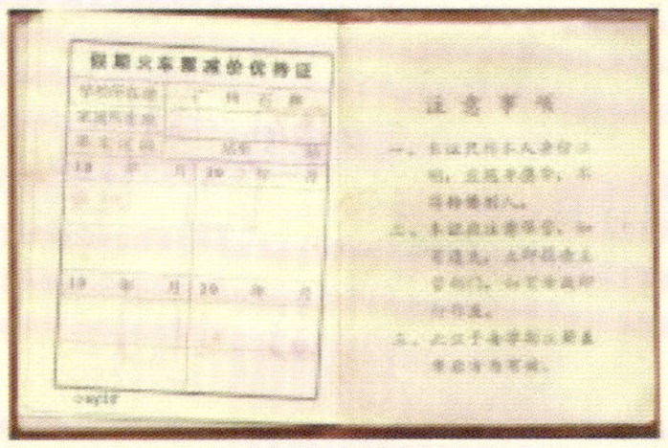

学生证1

学生证2

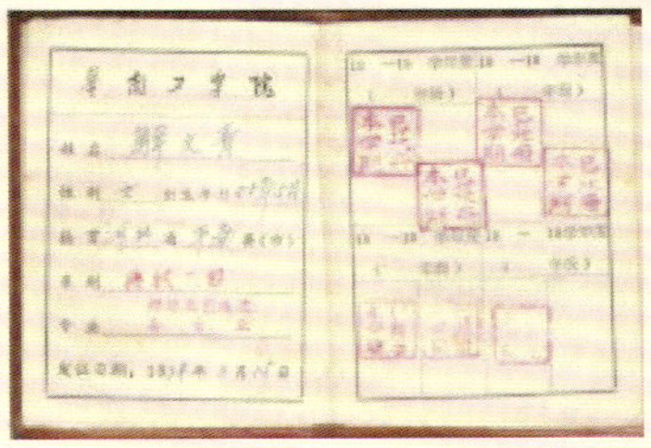

学生证3

1974级陶瓷专业学生军训留影

1974级无线电工程系的学生游览广州白云山

1977级外语师资班学生合影

1978级轻化系制糖班同学在进行实验

50177班同学在研习功课

1977级自动化及仪表专业
同学校园留影

50278班同学合影

1982年，毕业前同小组同学合影

1977年，广东工学院电力系第二届学生会留念

1990年，首届海洋工程毕业生合影

1978级力学班学生毕业证

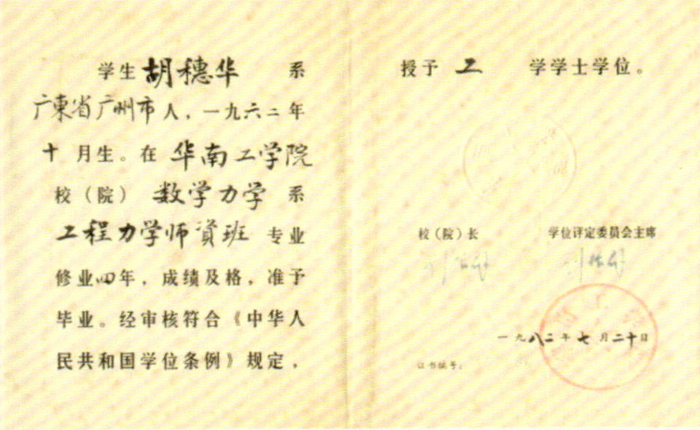

学生胡穗华 系
广東省广州市人，一九六二年
十月生。在华南工学院
校（院）数学力学系
工程力学师资班专业
修业四年，成绩及格，准予
毕业。经审核符合《中华人
民共和国学位条例》规定，

授予工学学士学位。

校（院）长 学位评定委员会主席

一九八二年七月二十日

证书编号：

1978级力学班学生学位证

华南工学院歌德学院毕业证书

五山校区 · 中山像

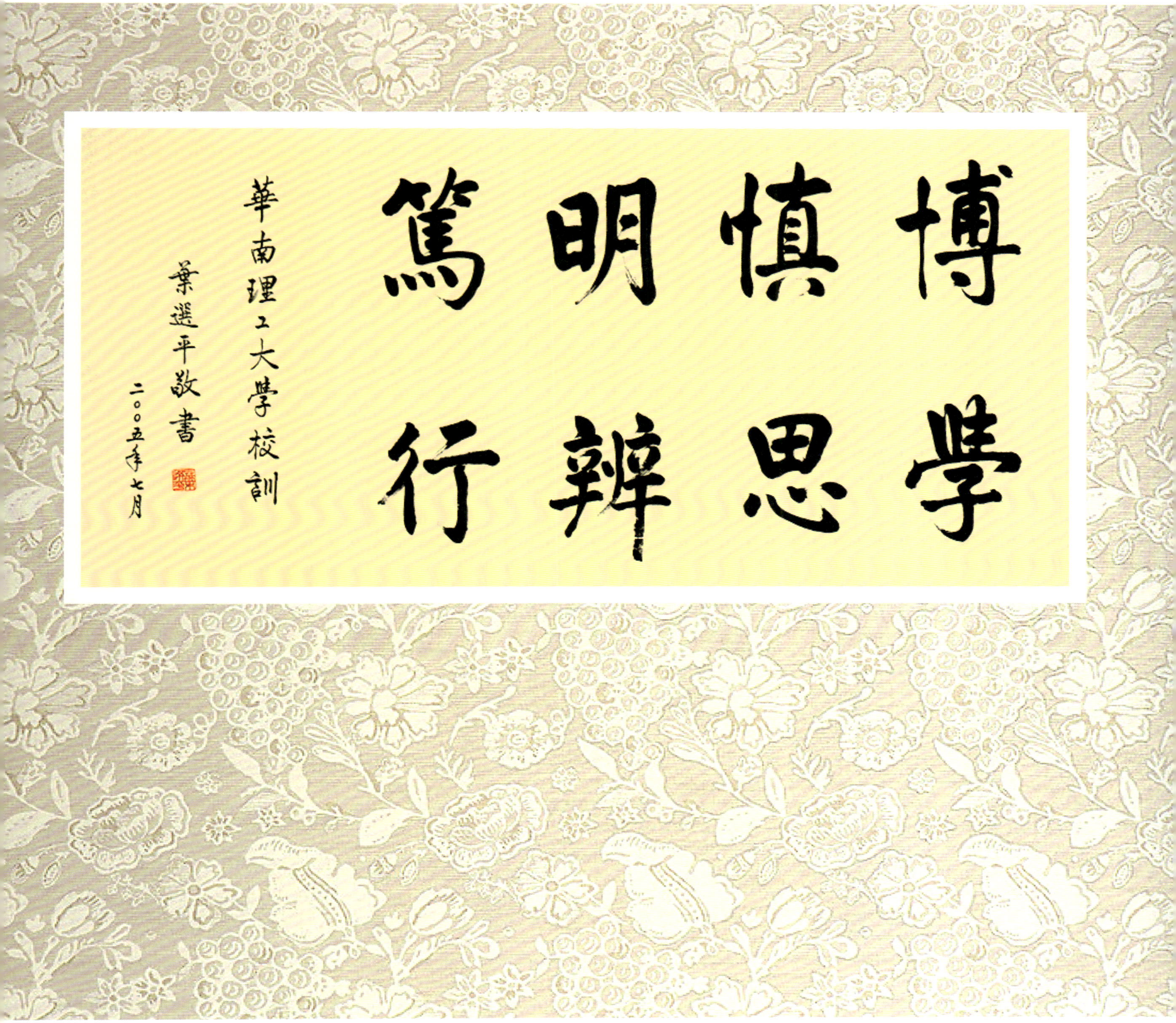
博學
慎思
明辨
篤行
華南理工大學校訓
葉選平敬書
二〇〇五年七月

大学城校区 · 图书馆

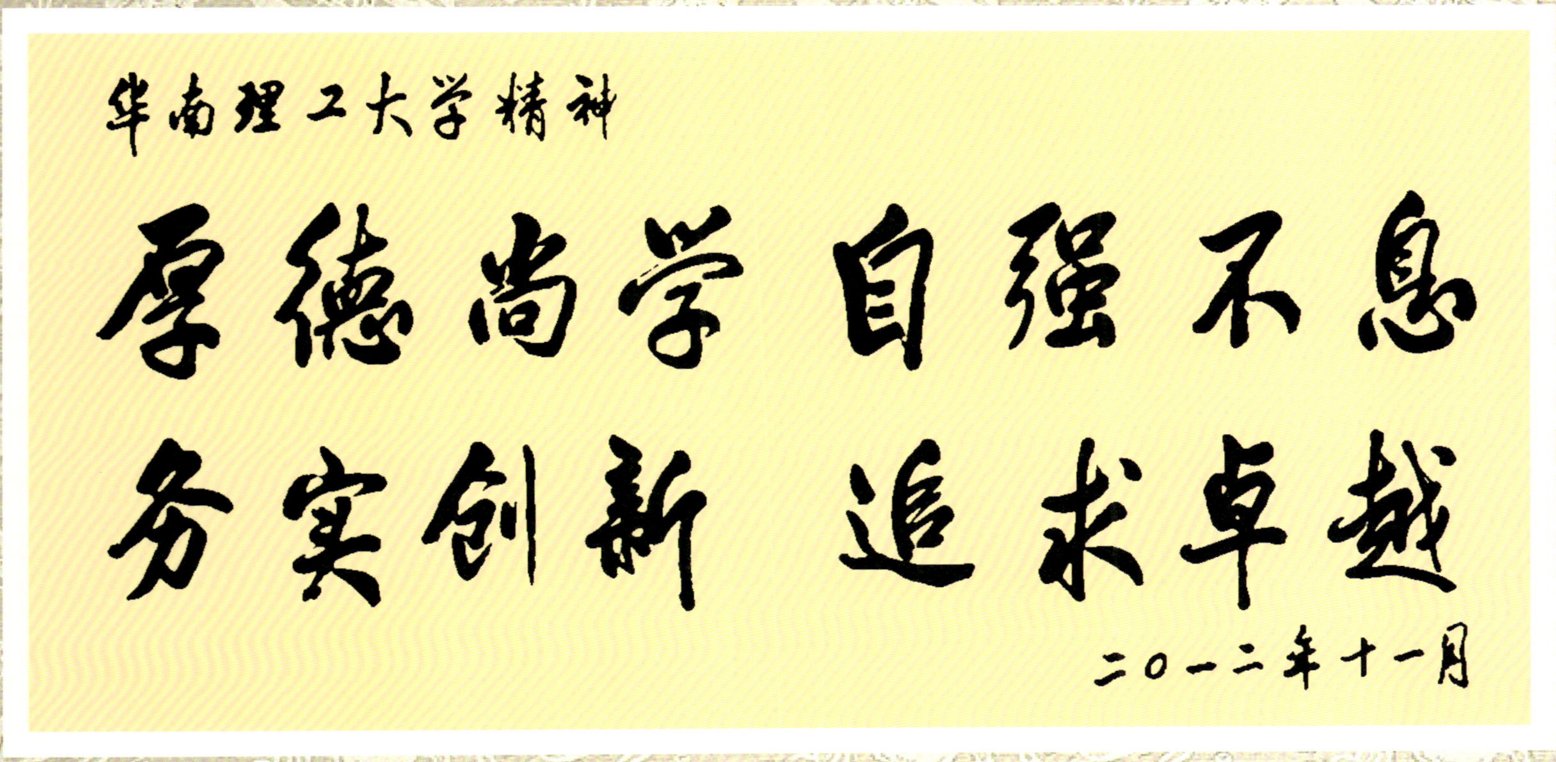

2012年，学校深入开展"华南理工大学精神"大讨论及提炼表述语活动。该书法作品为退休教师黄乃典所书。

广州国际校区 · D3公共实验楼

华南理工大学之歌

1=♭E 4/4

朝气蓬勃地 中速

华南理工大学师生集体 词

梁 军 曲

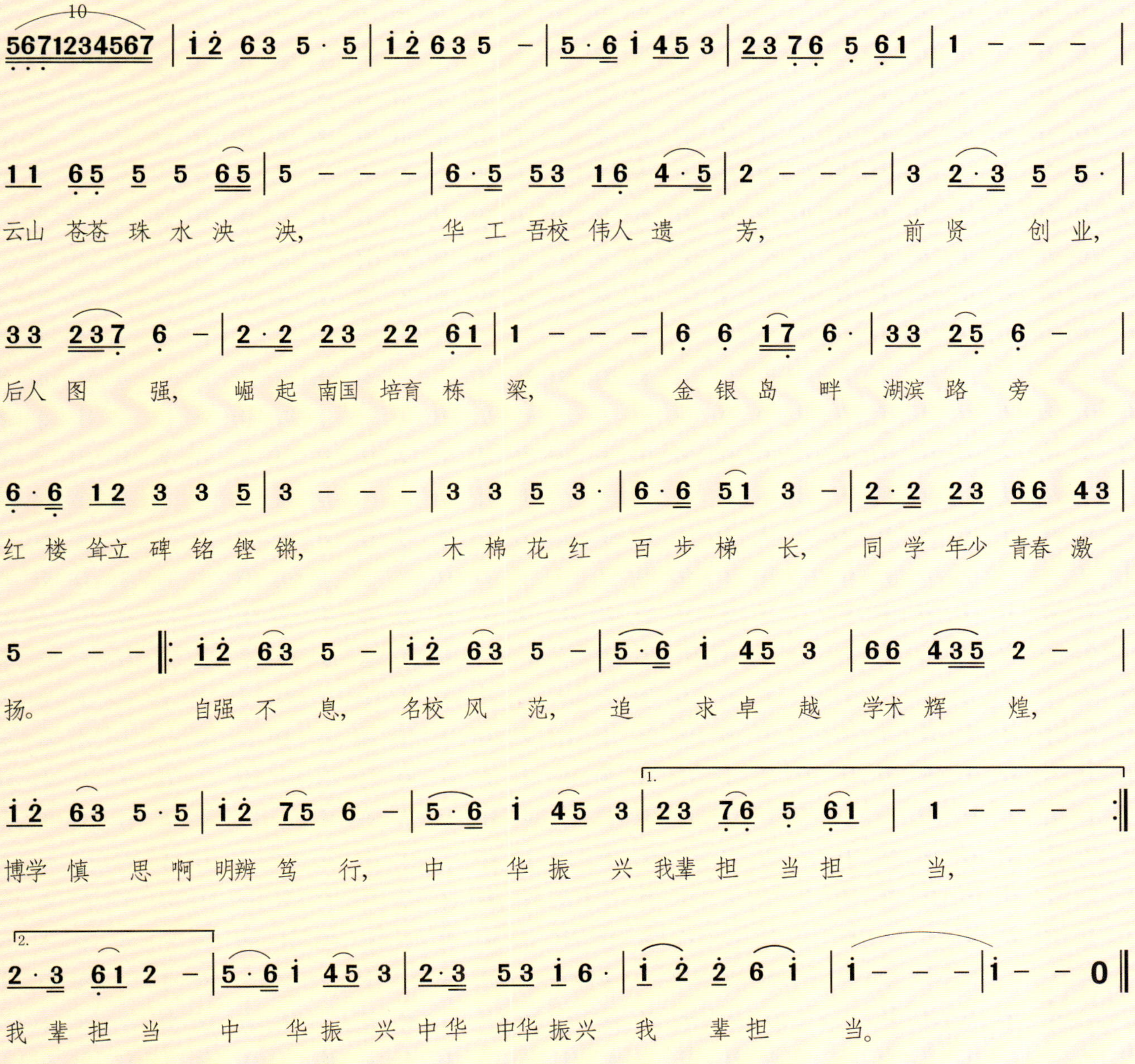